介護のしごとが楽しくなるこころシリーズ 5

カ

介 かた

高齢者のカラダにやさしく、
介護職のカラダにもやさしい
介護のしかたを場面別に
紹介します

監修
柴田範子
東洋大学ライフデザイン学部 准教授
特定非営利活動法人 楽 理事長

日本医療企画

はじめに

介護という仕事は、専門職としての知識や、利用者や家族との間の人間関係の形成が必要なのはもちろんのこと、身体的にもとても大きな負担のかかる仕事です。知識とコミュニケーション能力は、勉強と経験によって徐々に力をつけていくことができます。しかしからだを壊してしまったら、その時点で仕事として介護職を続けることはできなくなってしまいます。

本書は、介護職員にとって一番危険性の高い「腰痛」を予防するため、からだにやさしい介護のしかたを解説しています。腰痛予防のちょっとした工夫を学習し、介護職という仕事を続け、素晴らしい介護職員になれるよう願っています。

目　次

第1章　からだにやさしい介護作業

第2章　介護現場のストレッチングの実際

第1章

からだにやさしい介護作業

介護現場における腰痛の原因

介護現場で腰痛が起こりやすい要因を知る。

介護職員にとっての職業病

介護職員が仕事を行っていくなかには、仕事のきつさや、職員不足によって休みたいときに休みにくいなど、さまざまな問題があります。このような環境で一人でもからだを壊し仕事が続けられなくなると、さらに残された介護職員への負担が大きくなります。

介護職員は、日常的に健康管理をし、職業病を予防する必要があります。

介護職員の職業病の第1位は、「腰痛」です。

「ぎっくり腰」になった場合、半数以上が15日以上仕事を休んでいます。

腰痛は特に、仕事を始めたばかりの経験の浅い人に多く発症しています。

介護職と腰痛

介護の現場で腰痛が発生する最大の要因は、腰に過度の重量をかけてしまう、急いでいて安全を確認せずに腰を深く曲げる、腰をひねるなど、負担がかかる動作を積み重ねてしまうことです。また利用者の送迎で車の運転を長時間続ける、訪問先の家が暗かったり、床が滑る、足元が悪いなどの環境によるものもあります。

さらに「慢性化した腰痛がある」「ゆっくり休憩できない」「夜勤の回数や夜勤の時間が長い」「職場にある機械を使いこなせない」などの状況が原因となる場合もあります。

また「仕事に満足感が得られない」「上司・同僚・利用者とのトラブルがある」などのストレスや精神的な緊張があると、腰痛を訴える人の割合が高くなったり、悪化したり、長引いたりすることがわかっています。

腰痛はなぜ起こるのか

介護現場で腰痛が起きるメカニズムを知る。

そもそも腰痛とは何か

腰痛は、人間が二本の足で直立歩行するようになり、無理な姿勢を強いられたことから起こった「宿命」といわれています。しかも、その85～90％は原因が特定されていません。そもそも腰痛は病名ではなく、症状に対する呼び名であり、いろいろな病気や障害によって起こります。

整形外科では、腰痛は大部分が腰部脊柱《せきちゅう》を構成している腰椎《ようつい》、腰椎椎間板、椎間関節、腰背筋、腹筋、筋膜、靭帯《じんたい》の障害によって起こるものと考えられています。

介護職員の腰痛の主な原因は、前屈の姿勢から重量物を持ち上げる動作では、一方向に背筋を使うため、筋肉や筋膜、筋肉の骨とくっついている部分に大きな負担がかかり、椎間板の内圧を上昇させることや、不自然な姿勢、過度のひねり、振動などが考えられています。

介護職員の皆さんはボディメカニクスを意識して行動し、常に自らが予防するという意識をもって日常のケアにあたり、腰痛を起こさないように努めましょう。

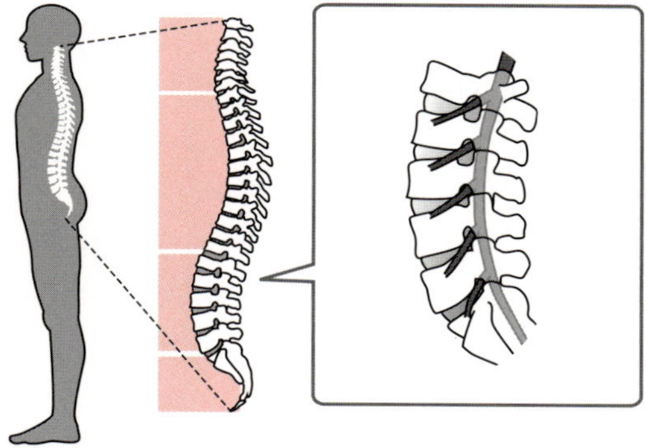

腰部脊柱の構成

ボディメカニクス

自然な動きを妨げず、腰や膝などに負担のかからないからだの動き。

ボディメカニクスとは

人が行う身体行動は、神経から指示を受けた、筋肉・骨・関節が相互関係を保ち、バランスを取ることで成り立っています。この働きを理解し、小さな力で大きな効果が得られるようなからだの動きをボディメカニクスといいます。

ボディメカニクスの７つの原理

からだへの負担を最小限にするためのボディメカニクスには、①支持基底面を広くとる、②重心を低くする、③重心の移動をスムーズにする（結果、足の先を動作の方向に向けることにつながる）、④重心を近づける（結果、利用者へ近づくことになる）、⑤てこの原理を応用する、⑥対象（利用者）を小さくまとめる、⑦大きな筋群を使う、の７つの基本原理があります。

①支持基底面を広くとる

支持基底面とは、からだを支える面積のことです。両足をつけて起立の姿勢のときより、両足を左右に広げて立ったり、前後に広げて立つほうが、支持基底面が大きくなり、安定します。支持基底面が狭いと、不安定になり、バランスを崩しやすくなります。

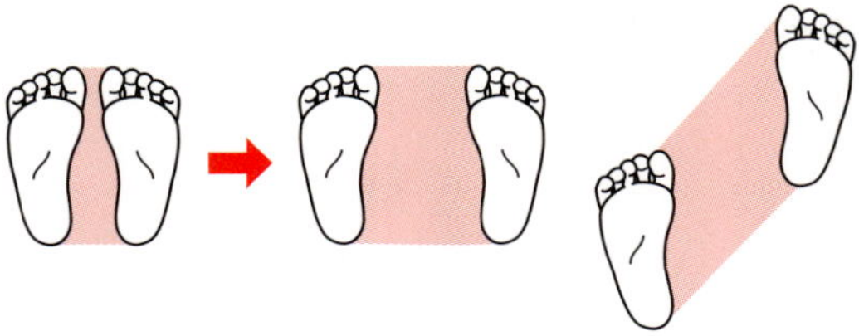

②重心を低くする

腰を曲げて重心を低くすることで、安定し、大きな筋肉が使いやすくなります。

③重心の移動をスムーズにする

介護職員は自分の重心が介助する方向にスムーズに動くように、例えばベッド上の移動なら足先を頭部側、足元側に向けておくことが必要です(電車が突然止まったときのことをイメージしましょう)。この位置を取ることで、次の移動へ移りやすくなるだけでなく、バランスを崩したときの対応も可能になります。

④重心を近づける

物にはそれぞれ重心という物体がつり合う点があります。介護職員にも利用者にもそれぞれ重心があり、その重心が1つの重心により近い

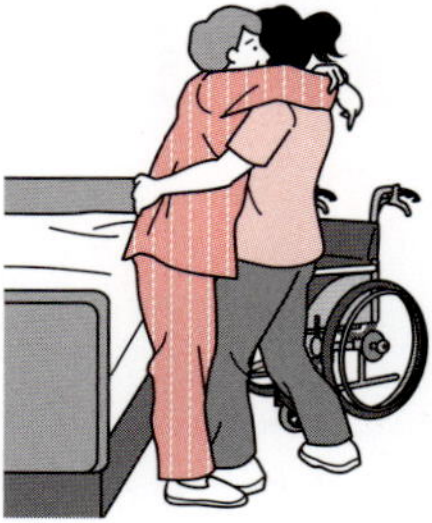

ほうが、重さをほとんど感じなくなり、負担がかかりにくくなります。

実際に重心を近づけるためには、介護職員と利用者のからだをより近づけることが必要になります。

立位時の重心は、臍の下あたりの位置になり、姿勢を変えることで重心は移動します。

⑤てこの原理を応用する

てこの原理を応用することで、小さい力で大きな力を引き出すことができます。頭を自分では上げることのできない利用者の枕を外すときなどは、肘を支点としたてこの原理が有効です。また、膝を支点としててこの原理を使うことで、大きな利用者の水平移動が可能になります。

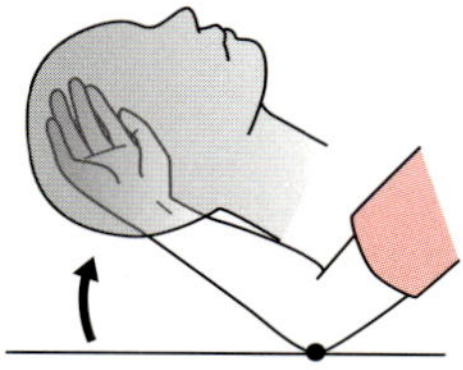

⑥対象（利用者）を小さくまとめる

からだを小さくまとめることで、回転軸に近くなり、回転しやすくなります。利用者の体位を仰臥位から側臥位に変換する場合、両手、両足を組んでもらうことで、小さい力で体位変換が可能になります。

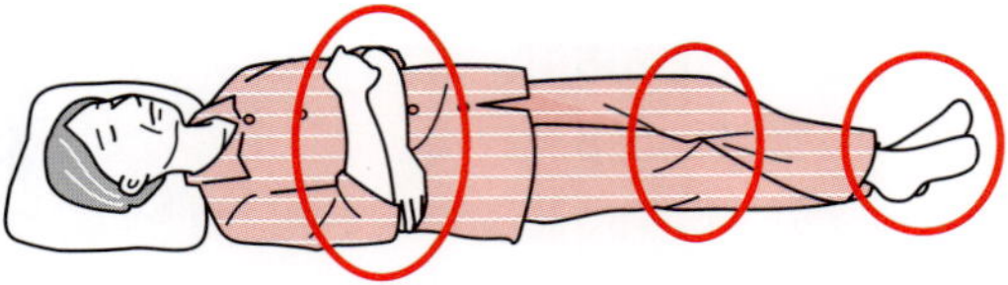

⑦大きな筋群を使う

人のからだには、さまざまな大きさの筋肉があります。1本1本の指にも、上肢にも、背中にも筋肉はあります。指についている筋肉よりも、背中の筋肉のほうが大きく、より大きな力を発揮することができます。背中にある背筋のほか、腹筋や大腿の筋肉などが大きい筋肉になります。

利用者の体位変換時など、指先や腕だけで行おうとするのではなく、背筋と大腿の筋肉を使い、重心を移動する意識で実施することで、負担は大きく軽減します。

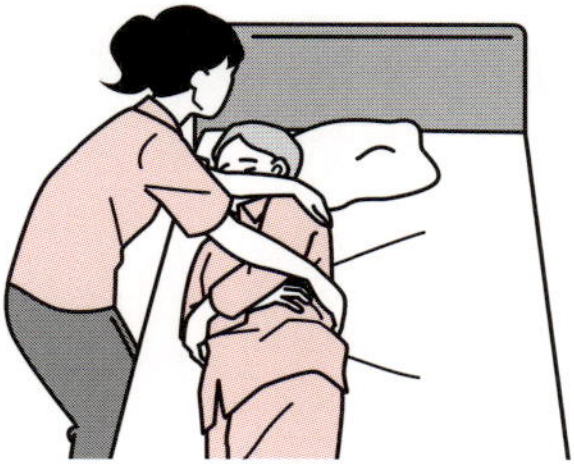

人間は、押すときよりも引くときのほうが大きな筋肉を使うことができます。利用者のからだをベッドの片側に寄せる必要がある場合は、介護職員のからだを寄せる側に移動し、手前に水平移動するように引き寄せます。そのときは、介護職員は利用者と垂直に向かい合い、足先も利用者のほうを向くようにすることで、身体的な負担は軽減できます。

作業の姿勢と動作の基本

作業内容に合わせた姿勢を実践するとともに、同一姿勢を長時間続けないようにする。

利用者を介助する作業の姿勢と動作は、腰痛の発生に深く関連しています。ここでは、基本動作の姿勢と、ボディメカニクスを意識して、どこに力点をおくとよいかというパワーポジションについて解説します。

安定感のある支援は、利用者に安心感を与え、利用者自身の身体能力を発揮したスムーズな動きにつながります。それは介護職員にとっても負担を軽くすることができる、大きなメリットがあります。それぞれのシーンに応じてイラストで説明しますので、しっかり覚えて、作業の役に立ててください。

変化のある作業プランを立てる

同一作業が続かないように、できるだけ姿勢に変化のある作業プランを立てます。

●背中は立て、膝《ひざ》を曲げる

立った姿勢では、図のように、背中は自然な角度のまま、両足は少し開いて膝は軽く曲げます。

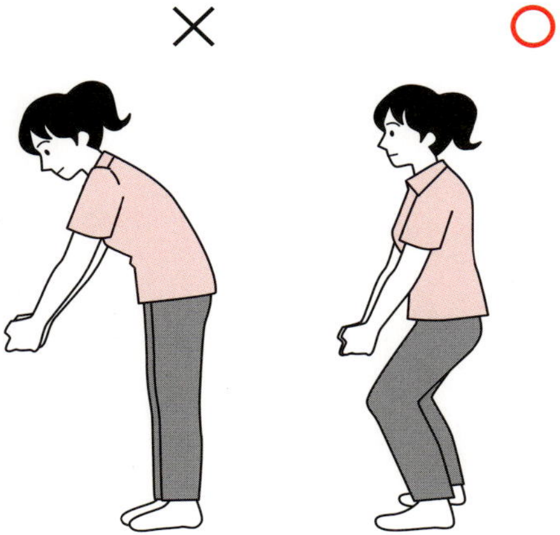

●座位も腰椎《ようつい》を立たせる

座った姿勢のときも、腰を前に曲げたり、反らさないようにします。

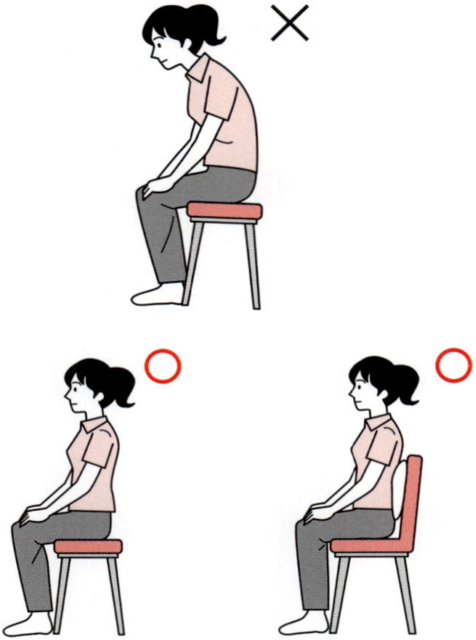

（背もたれがない場合）　（背もたれがある場合）

●からだを近づける

作業の対象物や利用者にできるだけからだを近づけて行います。

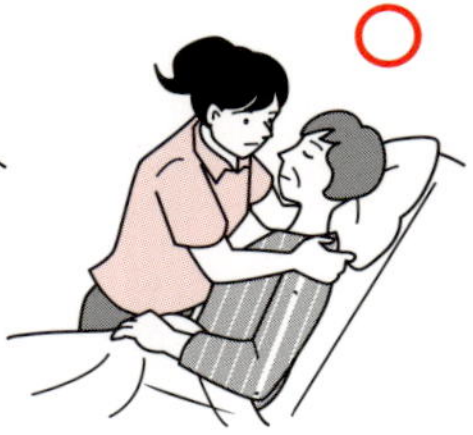

●作業面の高さを上げる

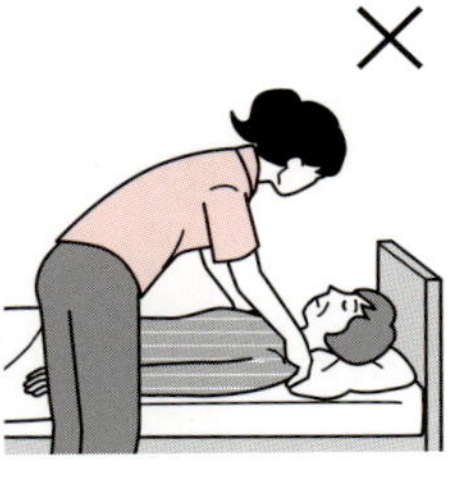

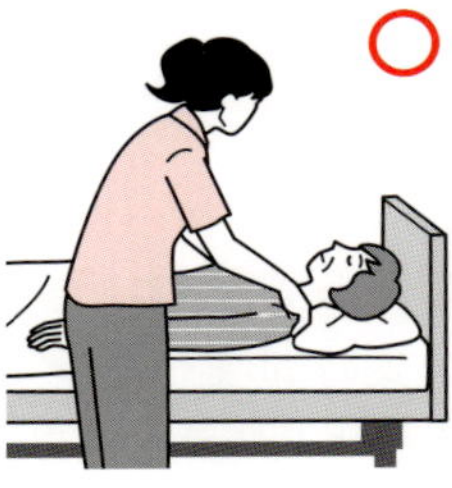

●低い姿勢になるときは腰を落とす

腰を曲げるのではなく、しゃがむなど腰を落として介助します。このときもできるだけ背中は立つ姿勢を保ちましょう。

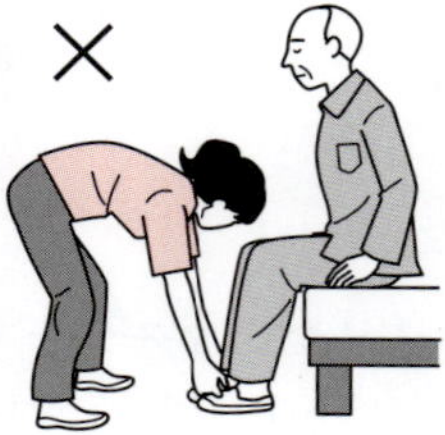

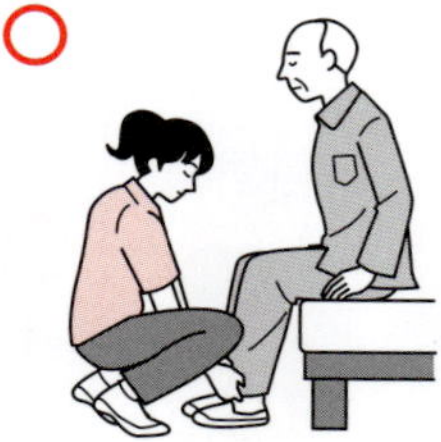

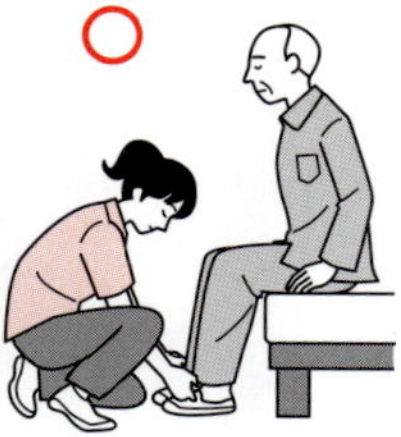

●からだをひねらず短時間で

長時間座って作業することや、からだをひねった状態での介助は、極力避けましょう。

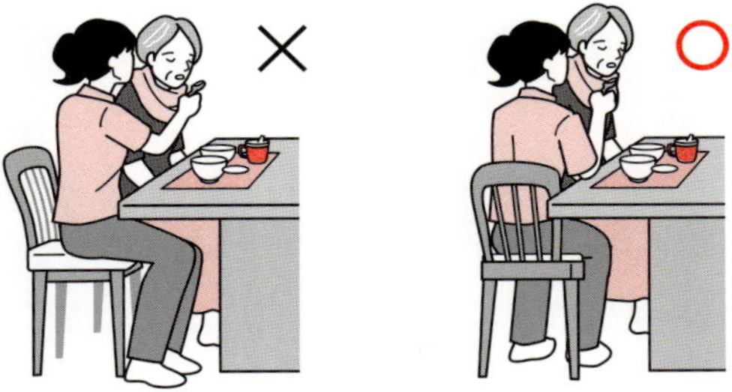

こうした基本姿勢をマスターすると同時に、利用者がどの程度からだを動かすことができるのか、自分で動こうとする意欲の有無などを知っておくことも大切です。たとえば「自力でほぼ起き上がれる」「介助があれば起き上がれる」「まったく起き上がれない」では、介護職員の負担もかなり違います。とりわけ訪問介護では、作業する場所の状況や家族の協力なども含めて、あらかじめ情報を集めておきましょう。

さらに作業中は動きやすい服、滑りにくく足をしっかりと保護する靴や靴下が適切です。

移乗介助の例と対策

腰への負担を軽減する工夫

スライディングシートやリフトなどを活用したり、複数人で行うなどの工夫をする。

腰に最も負担をかける介助方法とは?

腰痛が発生する割合が高いのは、人に対しての動作です。介護職員が行う人に対する動作で多いのは、移乗などで利用者のからだを持ち上げたり、支えたりすることです。その際の「腰をひねる」「前かがみや中腰などの不自然な姿勢」を強いられてしまうことなどが腰痛の原因となっているのです。

厚生労働省から新たに出された指針(P.106参照)でも、介護の現場における抱え上げによる腰痛の発生が最も問題であるととらえられています。そのため必要に応じて積極的にリフトをはじめとする福祉機器を活用することを推奨しています。

具体的に移乗介助で最も負担の大きい例と、その対策を紹介していきましょう。

見守り、もしくは部分介助の場合

まず利用者に声をかけ、介護職員の手やベッドなどのサイドレールを利用して、本人が積極的に移乗できるよう、促します。その際にスライディングボードやスライディングシートを使うと、利用者が自然な動きをしやすく、残存能力も活用できるので、介護職員の負担を軽減できます。

新しい指針でも、特にこの移乗については腰痛の最大の要因としていますので、リフトなどを活用し、できるだけ複数の人手をかけるのがよいでしょう。

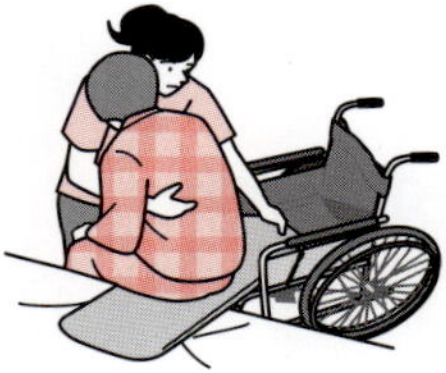

スライディングボード

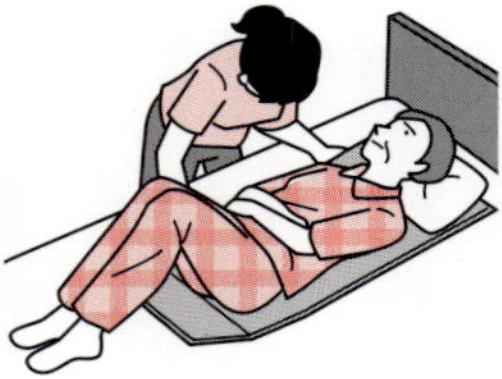

スライディングシート

●ベッドでのスライディングシート使用例（足に力が入れられる利用者の場合）

①頭の上から枕《まくら》の下を通して、肩甲骨《けんこうこつ》の下までスライディングシートを敷きこむ。

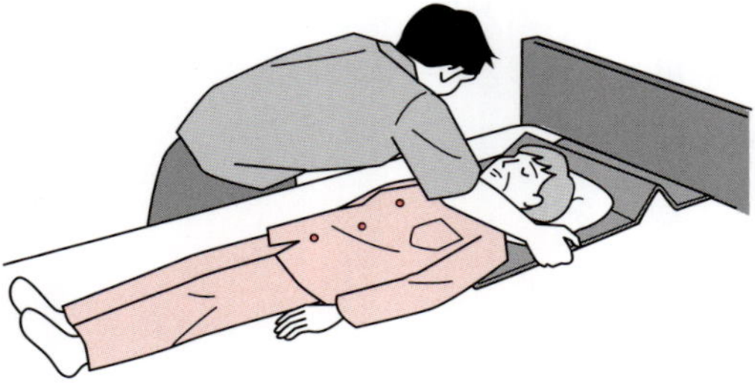

②利用者に、両手をおなかの上に置き、膝《ひざ》を軽く曲げてもらう。

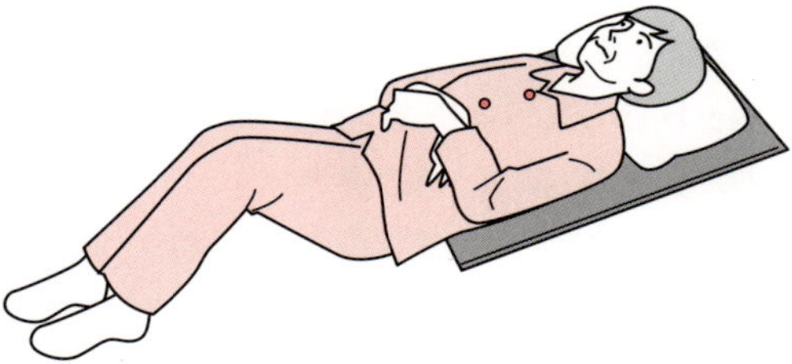

③利用者に、お尻を浮かせて足を踏ん張るよう促し、一方の手で利用者の足を押え、もう一方の手で膝を押してからだをずらすのを手伝う。

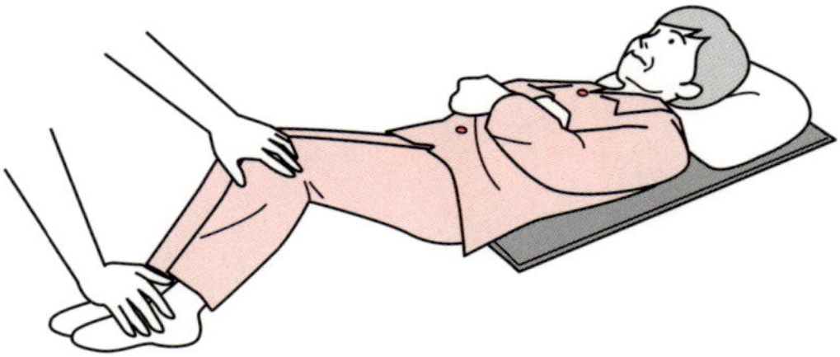

全面介助の場合

利用者自身が動くことができない全面介助で、体位交換したりするときは、介護職員はペアになり、スライディングシートを活用します。

●ベッドでのスライディングシート使用例（足に力が入らない利用者の場合）

①両側のベッドサイドから、介護職員２人が、利用者の肩甲骨《けんこうこつ》から骨盤までカバーできるように、スライディングシートを敷く。

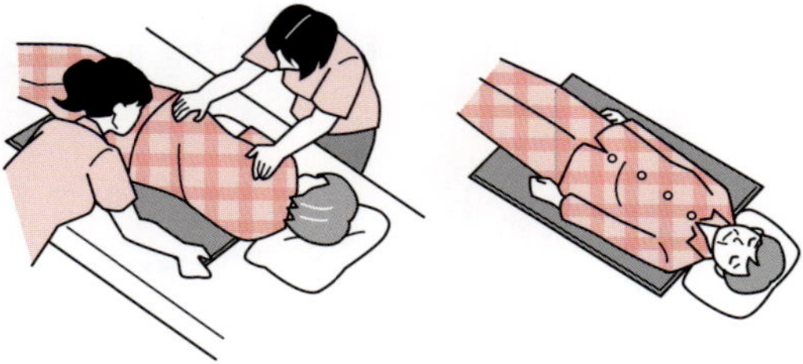

②利用者の両手をおなかの上にして、できれば膝《ひざ》を軽く曲げてから、介護職員2人でシートを両手に持ち、手で利用者の頭のほうにスライドさせる。

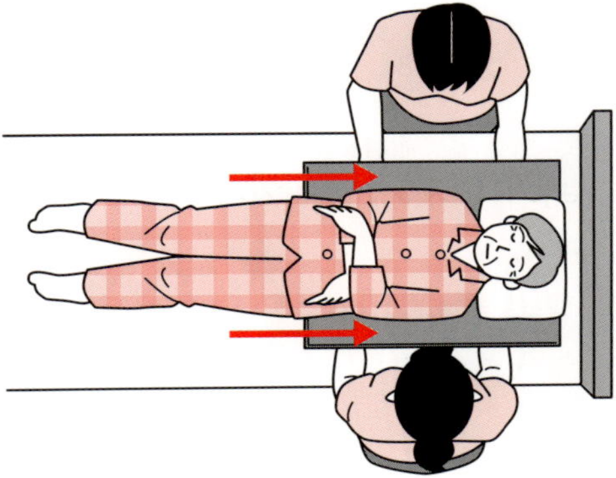

こうした抱え上げての移乗が必要な場合は、リフトなどの福祉機器を使用することが望ましいでしょう。リフトにも次ページのように、さまざまな種類があります。

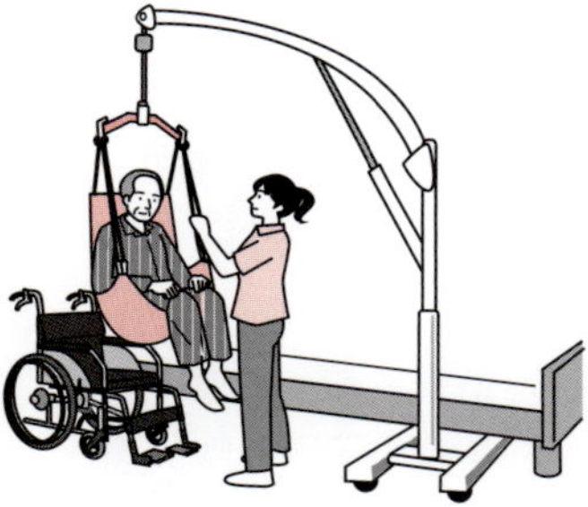

設置式リフト

スリング（吊り具）
シート

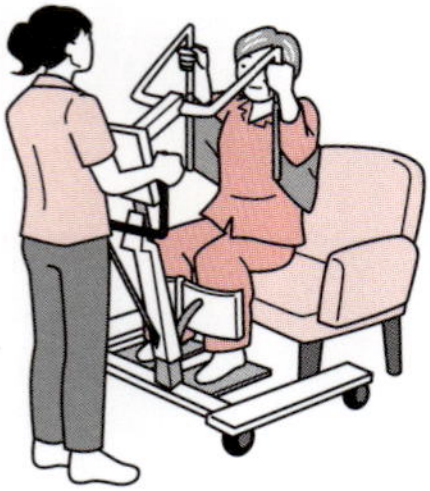

スタンディング
マシーン

※利用者の手につかむ力が
あるときに適しています。

介護ロボットの導入

介護職員の負担の軽減や、利用者の孤独感の軽減のために、国や地方自治体は、介護ロボットの導入に関するモデル事業などを行っています。近い将来、職場や利用者宅でさまざまな介護ロボットに接する可能性があります。

●厚生労働省・経済産業省からの通達

厚生労働省・経済産業省から「ロボット技術の介護利用における重点分野」、という通達が2012（平成24）年11月に出されています。

この通達では、移乗介護、移動支援、排せつ支援、認知症者の見守りを重点分野として今後の開発支援が行われるとしています。また、排せつ支援だけでなく、入浴支援などの日常生活支援、見守りを含めた認知症高齢者支援、介護施設の業務支援、予防・健康維持に関する支援については引き続き調査を実施し、必要に応じ、開発の重点分野に組み入れることになっています。

浴室の特性と多様な動作に注意する

高温多湿の環境でも安全に介助できるよう、機器や用具を積極的に活用する。

入浴の介助時には移乗のほかに、更衣の介助、利用者のからだを洗う、浴槽に誘導する、お湯をかけるなどさまざまな場面で、しゃがむ、中腰、体幹をひねるなどの不自然な動作をしやすくなります。また、床面がすべりやすいので転倒したり、高温多湿の中での作業なので疲労が蓄積しやすく、水にぬれることによる冷えも、腰痛に関連します。

対策のポイントとしては、特殊浴槽や、リフトなどを活用する、すべり止めのマットを敷く、介護職員がすべりにくい作業靴をはく、こまめに水気や汗を拭き取る、水気をはじくエプロンを着用する、入浴介助の担当回数を職員の間でローテーション調整するなどが有効です。

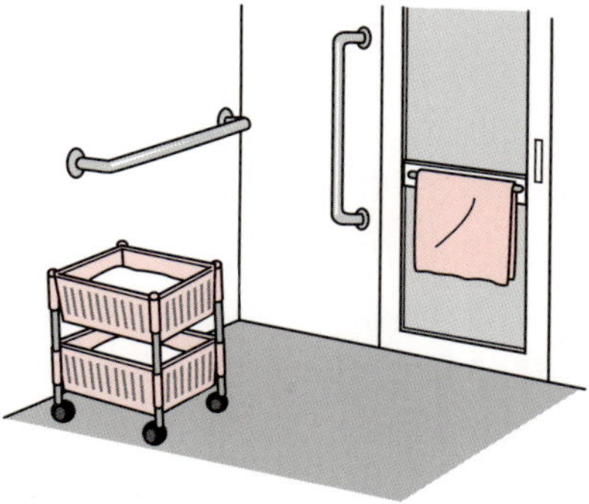

手すりのある更衣室

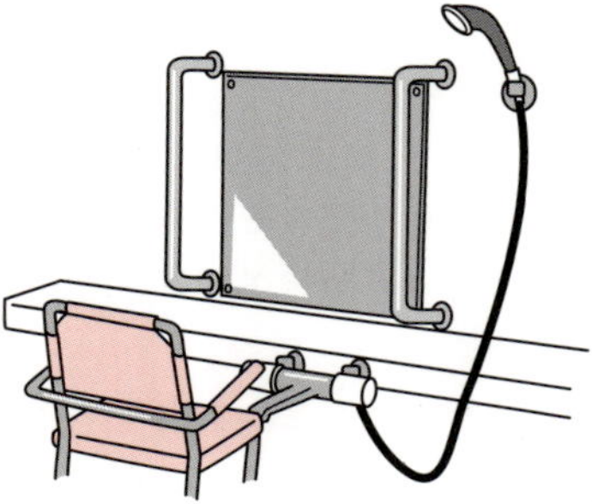

浴室の手すり

見守り、または部分介助の場合

立っていることが困難な利用者を介助する場合は、特に次のような注意が必要です。

①車いすから、シャワーキャリーに移乗する際に、抱え上げや中腰、腰のひねりなど、負担の大きな動作が重なるので、複数の介護職員で介助する、また、手すりなどを活用する。

②利用者のからだを洗うときは、利用者が自分で洗うように促すことも大事だが、手伝う場合は、できるだけ前かがみや中腰、ひねる姿勢を減らすようにする。

③作業する空間を確保し、石けんやシャンプーなどの置く高さを調整する。

④特に下半身や、手足の指を洗うような場合は、介護職員自身も風呂用のいすに座る、利用者にも座る向きを変えてもらうなどの工夫をする。

全面介助の場合

固定式リフトや特殊浴槽を活用することで、負担を軽くすることができます。からだを洗う際は、見守りなどと同様の注意が必要ですが、寝たままの利用者のからだを洗う場合は、台の高さを介護職員に合わせて変える、また、一人ではなく、複数人で作業します。

訪問介護の場合などでリフトを置けないところでは、必ず2人1組となり、スライディングシートを使用しましょう。

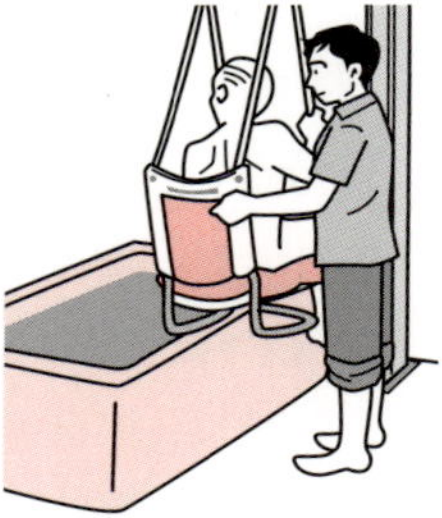

リフトを利用した入浴介助の例

トイレ介助の例と対策

利用者の程度に合わせた用具の使用

リフトや補高便座などを積極的に活用し、腰への負担を減らす。

排せつの介助では、移乗のほかにトイレへの誘導、下着の脱ぎ着の介助、排せつ後の処理などの場面で、ひんぱんに前かがみ、中腰、体幹のひねりなどが生じます。特に立った姿勢を保てない利用者の、車いすから便器やポータブルトイレへの移乗介助を1人で行うと、介護職員の腰への負担が大きくなります。

見守り、または部分介助の場合

ある程度、腕の力を発揮できる利用者の場合は、利用者がつかみやすい位置に手すりをつけると介助の負担を軽減できます。また、立った姿勢の保持を補助するリフトを利用できる場合は活用します。便器の座面が低い場合は、高さを調節できる補高便座を使うと、利用者にとっても、介護職員にとっても動きが楽になります。

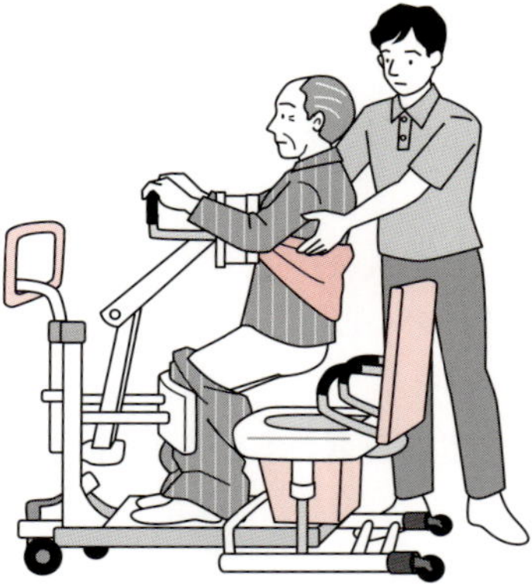

立った姿勢の保持を補助するリフト

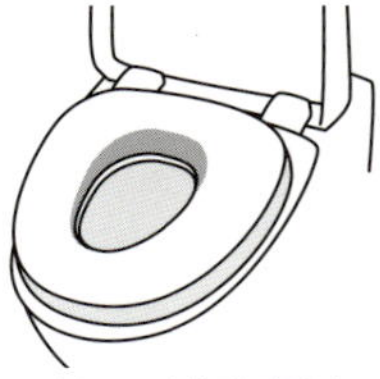

トイレの補高便座

全面介助の場合

全面介助を必要とする利用者を便器に座らせる場合は、排せつ介助用のスリングシートや、リフトを使用するのがよいでしょう。

こうした福祉機器を利用するには、十分な人手と空間が必要になります。広々としたトイレなら、車いすを入れやすい、リフトを設置しやすい、複数での介助がしやすいなどの利点があげられます。

しかし、施設ならともかく、訪問介護の場合

腰痛の原因！トイレへの移乗

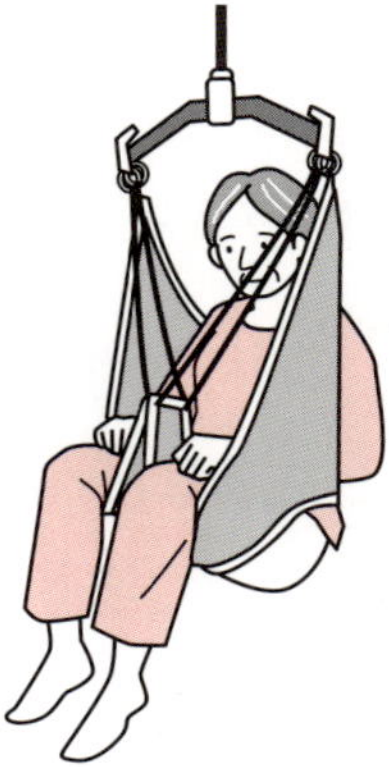

排せつ介助用のスリングシート

はそうもいきません。できるだけトイレへ行って排せつできることを大切にしたいのですが、ポータブルトイレや差し込み便器・尿器の使用、おむつも考慮しなければならないかもしれません。いずれの場合も、できるだけ基本姿勢を守り、腰への負担が少なくなるよう心がけましょう。

その他の介助の例と対策

基本姿勢を守るための工夫をする

どのような介助をするときも、できるだけ基本姿勢を守れるよう工夫や手間をおしまない。

清拭、おむつ交換などの介助

前かがみと、体幹をひねる動作を頻繁に行う支援です。高さが調節できるベッドであれば前かがみの動作を軽減できます。また、ベッドの上に片方の膝をつけば前かがみになるのを防ぎ、利用者に近づいて作業することができます。ベッドの両サイドに空間を空けておけば、反対側にもう１人介護職員が入ることができ、負担の軽減につながります。

必要な物品は、介護職員が手に取りやすい場所や高さに配置しましょう。これらの手間をおしまないことも、ポイントの一つです。

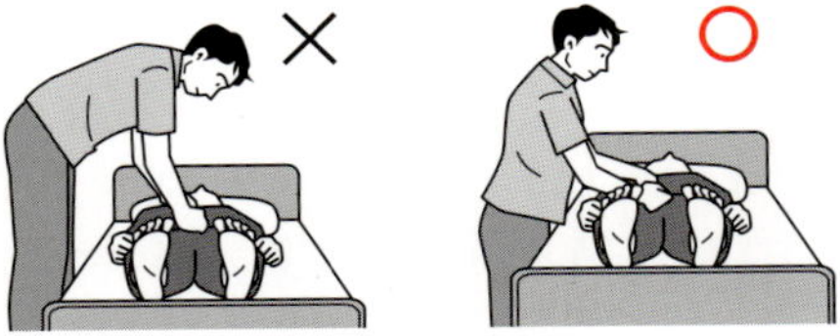

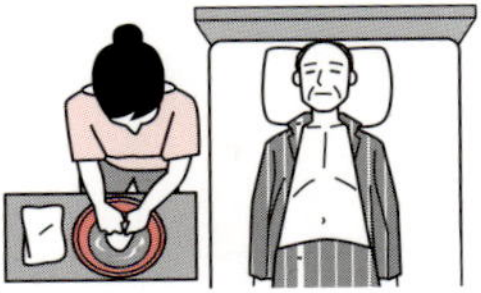

歩行介助

歩行の介助は、利用者がバランスを崩し共倒れになる危険や、とっさに大きな力を使うことがあり、腰痛を引き起こしやすくなります。介助時は利用者と介護職員の双方がベルトを装着して、互いに持ち手を把持すれば、安全に歩くことができます。

万が一、利用者が転倒した場合も、あわてて利用者を抱え上げることは避けましょう。無理

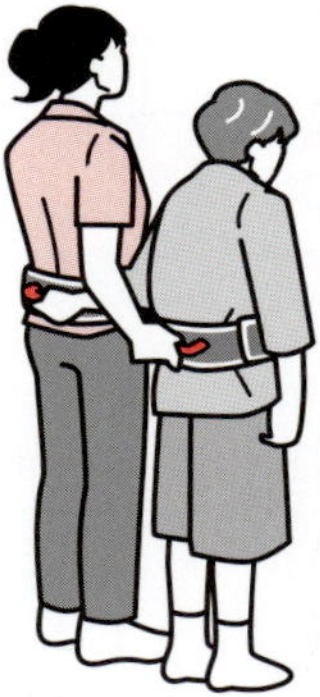

をすれば、介護職員のからだに多大な負荷がかかります。落ち着いて同僚を呼ぶ、周囲にあるいすなどを活用して、ゆっくりと立ち上がりを介助するなどの判断が必要です。

利用者が杖《つえ》や歩行器を使用している場合も、同様の注意が必要です。

車いす移動の介助は、押し始めと止まるときに強い力が必要となるので、気をつけましょう。

更衣介助

更衣の介助では、ベッドの上でも畳の上でも、介護職員は前かがみや、腰をひねった動作をよくするので、腰部の負担は避けられません。特に利用者にまひや拘縮《こうしゅく》（関節がこわばって動きにくいこと）、褥瘡《じょくそう》（床ずれ）などがある場合や、導尿や胃ろうなどのチューブがある場合は、より多くの時間がかかります。介護職員の身長に合わせてベッドの高さを上げたり、膝《ひざ》をついて行いましょう。

支援をする高さに合わせる

靴の脱ぎ履きのためなどで利用者がいすに座っている場合は、立ったまま腰を曲げるのではなく、床に膝をつきます。髪をとかすときなどは、ベッド上に膝立ちになるのもよいでしょう。また膝をつくときは、膝あてがついたズボンなどを着用したりサポーターをしておくと、膝に直接体重がかかることを防いでくれます。

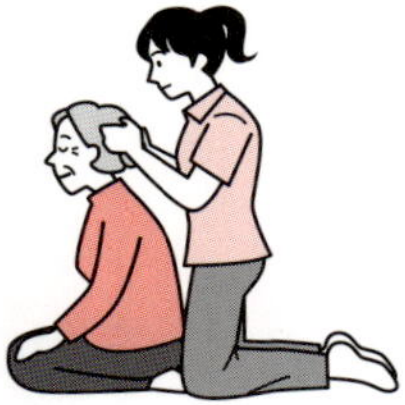

訪問介護で行う支援の際の工夫

作業動線を整理するために環境を整え、用具や場所に合わせた無理のない姿勢をとる。

訪問介護における生活支援項目

訪問介護では入浴・移乗・排せつなどのからだの介助に加えて、掃除・洗濯・炊事といった生活支援を行います。

自分の家で行う家事とは違い、訪問先では道具や空間の広さが異なるため、時間が多くかかったり、緊張が続いたりします。

しかし、生活支援をする際には、それぞれの作業に合わせたさまざまな工夫をすることで、腰痛を予防することができます。

居室やトイレの掃除の工夫

　掃除機の管が短いからと、前かがみで掃除機をかけると、腰痛の原因となります。膝《ひざ》をついて掃除機をかけたり、管をのばすようにしましょう。

膝をつく

管をのばす

そのほか、広い場所の掃除は不必要に前かがみにならないようにし、吸い込み口の移動は短距離とし、できるだけ直立に近い姿勢をとり、からだをねじらないようにします。

前かがみや中腰になる場合は手を膝《ひざ》につくと、腰部への負担を分散させることができます。机やトイレの手すりなどを支えにするのもよいでしょう。また、同じ作業姿勢が長く続かないよう、作業の姿勢や作業する方向をこまめに変えるようにしたり、可能な限りからだをのばし、小休憩を入れたりします。

手を膝につく

手すりを支えにする

雑巾がけをする

床面は中腰で一気に長い距離を拭くのではなく、腰を落とし膝をついて、手の届く範囲内を拭き、そこが終わったら次の場所へ移り、同じようにします。

テーブルや棚などの上を拭くときは、台に近づき利き手に雑巾を持ち、もう一方の手を台についてからだを支えましょう。高いところの場合は、踏み台を利用します。

雑巾を洗うときは、やはりバケツの近くにしゃがんで腰を立てるようにして行います。

高い場所の作業

高い場所からの物の上げ下ろし、たんすの上の拭き掃除、洗濯物を干す位置が高いような場合は、なるべく手を上げてからだを反らし続ける動作や、つま先立ちは減らしましょう。

からだを反らしたり、つま先立ちなどの不自然な姿勢はからだに負担がかかり思わぬケガにつながることもあります。

利用者宅では、広めの踏み台を借りて使うなどの工夫をします。

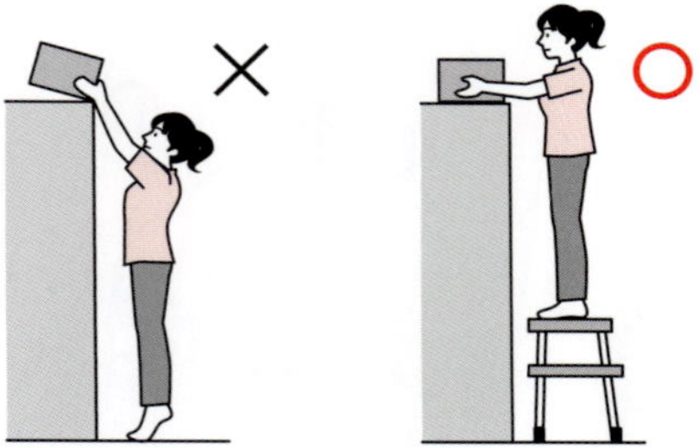

動線を整理する

訪問介護の場合は、利用者と相談して、家事の動線を整理するために、室内を片づけるなど工夫して作業にあたります。

特に台所では、火や水を扱うので、危険防止のためにも足元を広くとり、足元がぬれた場合は、すべらないようにすぐに拭き取りましょう。また、火の近くには燃えやすいものを置かないようにします。室内の整理整頓は利用者の安全にもつながるので、一挙両得です。

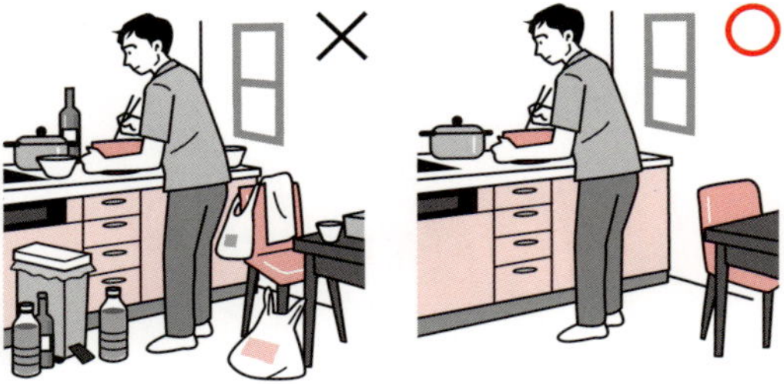

ベッドメイクと車の運転

作業空間を確保し、同一姿勢が続いた場合は一呼吸入れてから次の動作に移る。

ベッドメイクをする

- ベッドの高さを調整し（作業時に上げ終了後戻す）、両足を開き、腰をおとして行う
- 可能なら、ペアで作業する
- 可能なら、ベッドを壁に密着させず、ベッドの反対側にも入れるよう空間を確保する

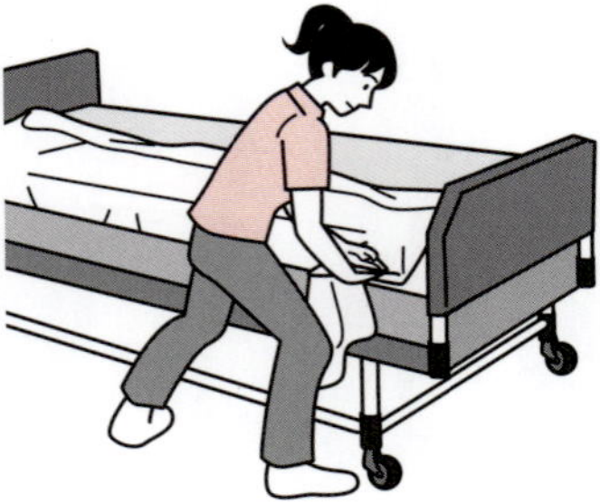

送迎車などの運転

車の運転は、いすに座ったままの姿勢でいることや振動の影響で腰痛を発生しやすくなることが指摘されています。運転中は末梢の血液循環が悪くなりますから、直後に大きな筋力を使うのは避けましょう。送迎にあたるときなどは、座席に深く腰かけ腰と背中をしっかり支えられるように座り、クッションを使用して振動を軽減します。利用者を車に誘導する際と、降りるのを手伝う際には、一呼吸入れるなどしてから動くようにしましょう。

座席は倒しすぎず、
またうしろに引きすぎないようにします
背もたれに背中をフィットさせます

腕と足は伸ばしすぎないようにします

第2章

介護現場のストレッチングの実際

ストレッチングの効果とは?

腰痛予防に有効なストレッチング

疲労の回復を図り、けがを予防し、リラクゼーション効果のあるストレッチングを知ろう。

ストレッチングって?

ストレッチングとは、のびる、のばすなどを意味する言葉で、現在、スポーツや医療の現場以外でもその有効性が知れ渡り、あらゆる年代の人々がさまざまなシーンで実践しています。

腰痛にストレッチングがよいわけ

腰痛は腰部やその周囲の筋肉が緊張することによって引き起こされます。腰部や背中、脚の筋肉の状態を良好に保つためには、筋肉の柔軟性を保つこと、筋肉の血液量を増やすこと、気持ちをリラックスさせて筋緊張を低下させることが必要で、これらを促進させるのに最も安全で有効なのがストレッチングなのです。介護職員は自らからだを動かすことで腰や背中、足の筋肉をのばし、筋肉の強化や柔軟性を向上させると同時に血流を促して、腰痛を予防することを心がけましょう。

ストレッチングの種類

ストレッチングには、筋肉をのばした状態で静止する「静的ストレッチング」と、ラジオ体操のように反動や動きが伴う「動的ストレッチング」があります。この本では介護の仕事の合間の短い時間に行うことを前提としているので、筋肉への負担が少なく、安全性が高い「静的ストレッチング」を中心に説明します。

ストレッチングの効果

●疲労回復の効果

筋肉の血液量が増えることで、筋肉内の疲労物質が排除され、酸素の供給がスムーズに行われるようになります。

●けがの予防

筋肉の柔軟性が増すことで、筋肉そのものが効率よく収縮と弛緩《しかん》をくり返し、また、関節の可動域（動く範囲）が広がるため、動作に余裕が生まれて、腰痛はもちろん、肉離れや腱鞘炎《けんしょうえん》などの予防にもなります。

●リラクゼーション

筋疲労が緩和され、筋興奮を抑えられます。また、気分転換ともなり、気持ちをリラックスさせることができます。

筋肉は休息させると大きくなる

筋トレをすると、筋肉のエネルギー源である糖分が筋肉中から減少し、糖分からエネルギーをつくりだすときに生まれる乳酸などが増えて筋肉は疲労します。また、ごく軽くですが筋肉そのものが傷つき、筋力レベルも下がります。

すると筋肉は同じようなストレスを受けても疲労しないようにしなければと、自分自身を強くしようとします。

この仕組みを「超回復」といい、一般的には48～72時間かかるとされています。

つまり筋肉を効率よく大きくするには、負荷量や強さにもよりますが、１回筋トレしたら次の筋トレまで最低２日は間をあけるのがポイントです。

手軽にできる静的ストレッチング

いつでも、どこでも行うことのできる静的ストレッチングのコツを知ろう。

ストレッチングは、いつ行うのか?

ストレッチングは、いつでも、どこでも行うことができる手軽な運動です。

腰痛は休日明けや午前中に多いというデータが出ています。ちょっとした工夫をすることで、腰痛の発症を予防することができます。

筋肉が最も硬いのは、朝、目覚めたときです。睡眠中は運動をしないため、からだのいたるところの筋肉が硬くなり、起きたらからだが痛い、という経験をした人も多いと思います。

朝ストレッチングをすることで、筋肉を伸ばし、1日中動かしやすいからだを手にすることができます。

朝起きたら、布団の上でのストレッチング

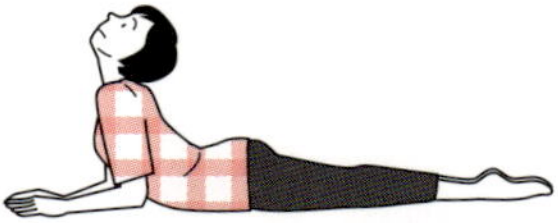

おなかを布団につけておいて、胸を持ち上げ、頭を後ろに引く
（1回10秒、5回繰り返す）

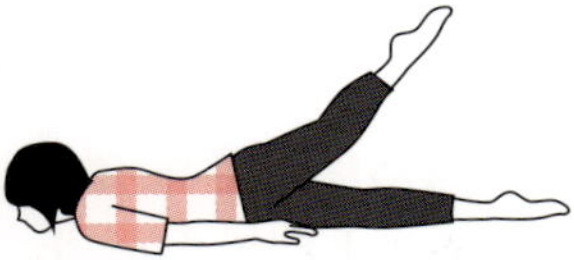

膝を伸ばしたまま足を上げる。
両手でしっかりバランスをとる（左右各10回）

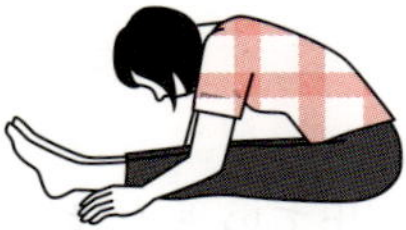

背を伸ばした状態で45度ぐらい前屈させる
（1回10秒、5回繰り返す）

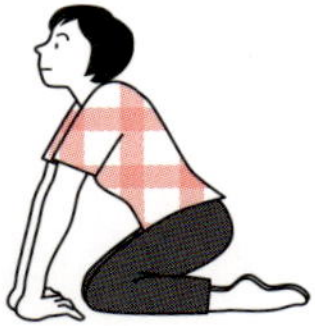

手の先を膝のほうに向けて両手、両膝をつき、腰をゆっくり下ろして正座する（1回20秒、3回繰り返す）

足を広げて座り、右手が左足先に触れるようにからだを倒す（左右各10回）

ストレッチングのポイントは?

安全に疲労を回復でき、柔軟性を高め、リラクゼーション効果が得られる「静的ストレッチング」を紹介します。静的ストレッチングはのばしたい筋肉が「今、のびている！」と意識しながら、ゆっくり行うことが重要です。

身のまわりのいすやテーブル、手すりなどを活用して行うと効果的です。ただし、キャスター(車輪)付きのいすは使わないでください。また、ストレッチングを行って強い痛みを感じたり、筋肉がふるえてしまったりするのはＮＧです。

静的ストレッチングのコツ

①息は止めずに、ゆっくりと吐き続ける。
②反動やはずみをつけない。
③のばす筋肉を意識する。
④ハリを感じるが、痛みのない程度までのばす(心地よい痛みはOK)。
⑤最ものびたと思えるところで20～30秒

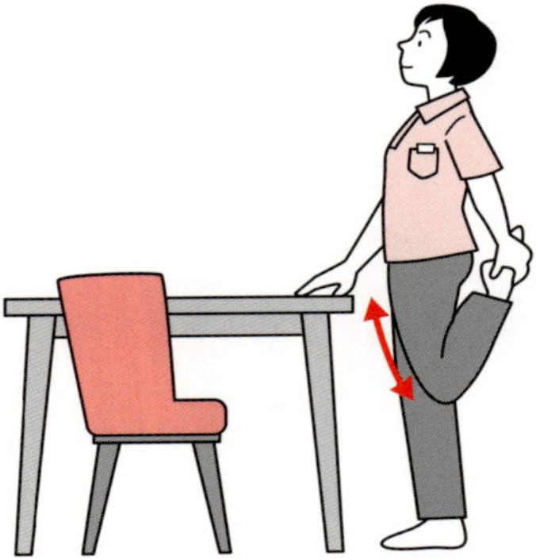

ストレッチングは手軽にできる

のばし続ける（まずは30秒から）。
⑥筋肉はゆっくりと戻すことを意識する。
⑦１度のストレッチングで同じ動作を１〜３回行う。
⑧片方だけでなく、左右同じように行う。
⑨週に２〜３回、できれば毎日行う。
⑩痛みが強い場合は医師に相談してから行うようにする。

どこでもできるストレッチング

作業の合間にも行えるストレッチングの種類と方法をマスターしよう。

ここでは、職場のあらゆる場所で、作業の合間に行えるパターンをいくつか紹介します。

ふとももの前側のストレッチング

ふとももの前側には、最も大きな筋肉、大腿《だいたい》四頭筋《しとうきん》があります。主に膝《ひざ》をのばす作用があり、日常生活のなかでは立ったり歩いたりするのに重要な働きをしています。

大腿四頭筋は膝の関節と股《こ》関節をつなぐようにあるため、膝関節を曲げて膝を後方に引くストレッチングで20～30秒のばします。いす、テーブル、手すりなどを利用し、片手でからだを支えます。反対側のふとももの前側も同様にストレッチングします。

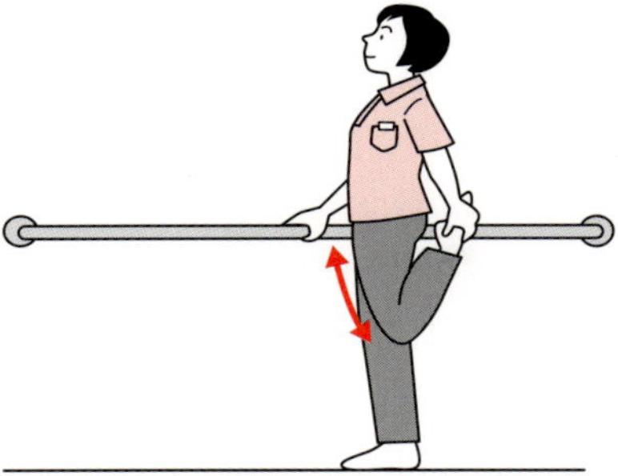

手すりを利用

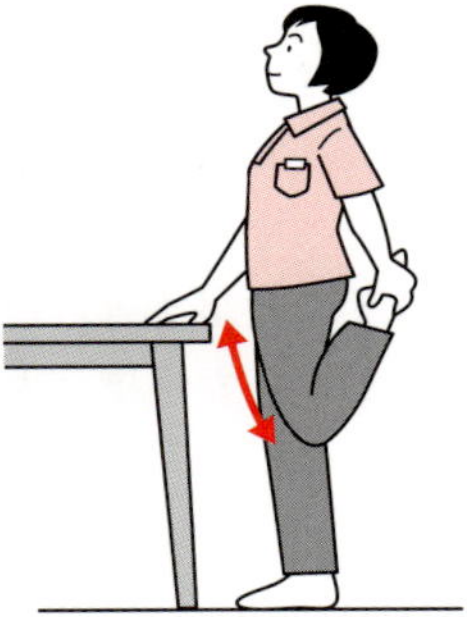

テーブルを利用

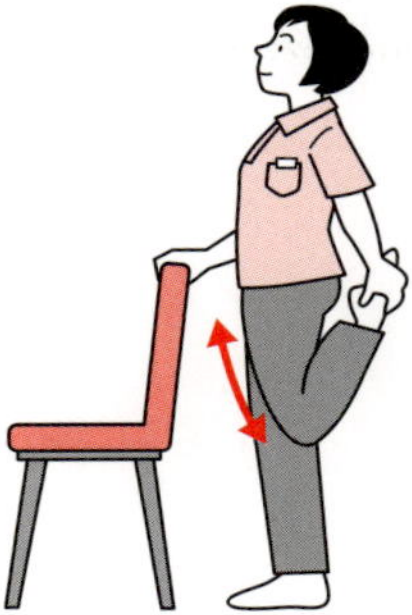

いすを利用

ふとももの前側とお尻のストレッチング

お尻には大臀筋《だいでんきん》という大きな筋肉があります。この筋肉は足を後方に振る動きや、外側にひねる動きのときに働き、歩く、走る、ジャンプするなど、さまざまな動きに使われます。

大臀筋のストレッチングは、背筋をのばして股《こ》関節から上体を前に倒すのがポイントです。職場では、いすや階段を利用するとやりやすいでしょう。この姿勢を20～30秒間維持します。左右それぞれ1～3回のばすようにします。

自宅でも、寝る前などに行えば、立ち仕事の疲れが癒えますので、実践してみてください。

この部位のストレッチングだけでなく、どのストレッチングを行う場合も、足元がすべらないか、周囲に危険物がないかなどの安全確認をすることを忘れないでください。

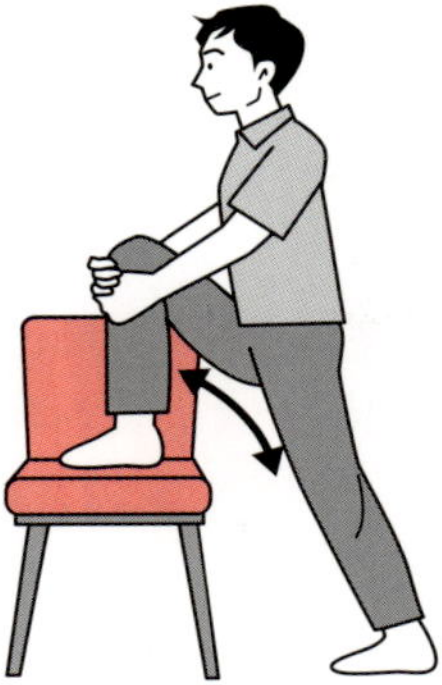

いすを利用した例

階段を利用した例

ふとももの後ろ側のストレッチング

ふとももの後ろ側にはハムストリングという筋肉があり、足を後方に振る働きと膝《ひざ》を曲げる働きを担っています。

ハムストリングは、日常の動作や走ったり跳んだりなどのスポーツでも使われる大切な筋肉です。ハムストリングの多くの部分は股《こ》関節と膝関節をまたいでいます。この部分は膝関節をのばして股関節を屈曲する、二関節ストレッチングでのばします。

このストレッチングは、廊下でも階段でも、ちょっとしたスペースがあれば手軽に行うことができます。

また、自宅でも前屈することで手軽に行えますから、出勤前や就寝前にも行うと、さらに効果的です。前屈するときには股関節から曲げることを意識し、膝と背筋をのばして行いましょう。背中を丸めてしまうと、効果がありませんので気をつけましょう。

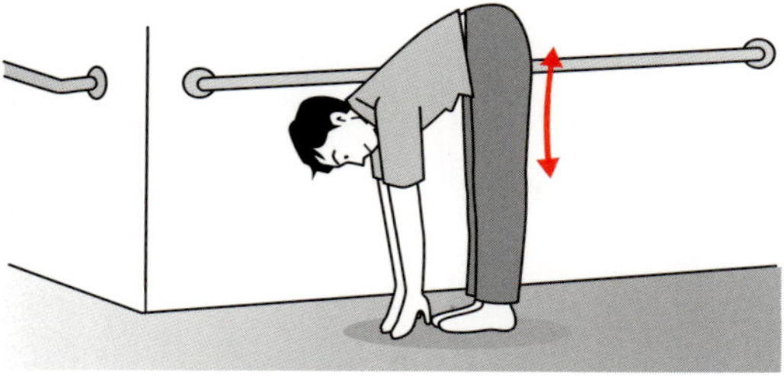

廊下などで行う例

階段の段差を利用した例

ふとももの内側のストレッチング

ふとももの内側には内転筋群があり、足を内側に振る働きをします。この部分のストレッチングは足を外側に開く動作でのばしていきます。膝を曲げて足は広めに開き、背筋をのばして、ふとももの内側の筋肉がよくのびていることを意識しながら行いましょう。

このストレッチングも、ちょっとしたスペースがあればどこでも簡単にできます。

しっかり内転筋群をのばしましょう

ふとももの外側とお尻と腹部・体側のストレッチング

　腹部には腹斜筋《ふくしゃきん》、腹直筋《ふくちょっきん》、腹横筋《ふくおうきん》があります。腹直筋は、からだを丸めて前に倒す働きをするなど、体幹の姿勢維持に常に使われて、腹斜筋はからだをひねる働きをします。また腹横筋は、内臓の支持・保護のほか、呼吸運動や排泄時の腹圧を高める作用をします。

　イラストは、手すりや壁を利用して、腹部、ふとももの外側、お尻と、いくつもの筋肉をのばすことができるストレッチングと、体側をのばすストレッチングを示しています。

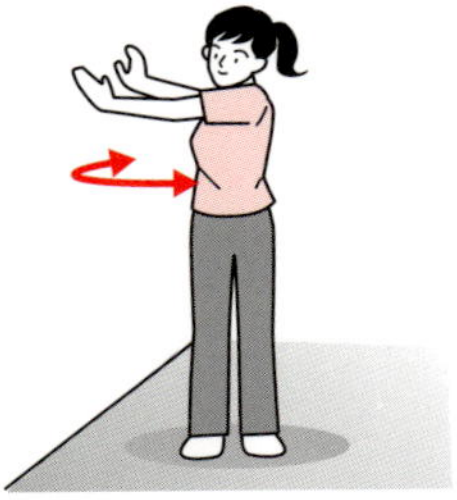

ふくらはぎのストレッチング

ふくらはぎには表層のヒフク筋と、深部のヒラメ筋があり、どちらも足首をのばす働きをします。ヒフク筋は走ったり跳んだりのダイナミックな運動で重要な働きをし、ヒラメ筋は立った姿勢を維持するために必要な筋肉です。介護の仕事では立ったまま行う作業も多いので、このストレッチングで、両方の筋肉をのばし、足の疲れをとりましょう。

手すりを利用

上半身のストレッチング

上半身をストレッチングすると、背中では脊《せき》柱《ちゅう》起立筋、肩の関節を動かす肩周辺筋群、さらに胸の筋肉、大胸筋ものばすことができます。

まず始めに背筋をのばすために、腰から背中にかけて上体を前に倒します。このとき、ハムストリングや股《こ》関節も上体とともにのばすことができます。続いて背中を反らせることで、脊柱起立筋と肩周辺筋群を一緒にのばすことができます。

手すりを利用

手すりを利用した例

おさらい

①のばす筋肉を意識し、ゆっくりと呼吸しながら行う。

②反動やはずみをつけず、痛みのない範囲でしっかり20～30秒間のばす。

③戻る動作もゆっくり行う。

④片方だけでなく、左右同じように行う。

⑤安全な場所（環境）で行う。

第3章

からだの
セルフ・チェック＆
エクササイズ

エクササイズの目指すもの

効果的・効率的なエクササイズを実践するために、エクササイズの目的を知ろう。

エクササイズの種類

腰痛を予防するためのからだづくりや、腰痛を緩和するためのエクササイズは、大きく次の4つに分けられます。

①土台となる骨格の矯正を目的とするもの
②筋肉の柔軟性を高めて、筋肉の緊張をとることを目的としたもの
③筋肉を緩めることを目的としたもの
④筋肉の衰えの予防と維持を目的としたもの

これらのエクササイズを効果的・効率的に実践するためには、まずは自分のからだ（ゆがみ、筋肉の緊張度、腹筋力）をチェックしてウイークポイントを把握し、そこに重点をおいて行うことが大切です。

筋トレは１セットだと効果は30%

筋トレは１種目につき、3セット行うのが効果的です。というのは、私たちが100%力を出したと感じているときでも、実は筋肉が本来もっている力の30〜40%程度しか発揮されていないからです。これは筋肉には、過度に力を出しすぎて肉離れを起こしたり、腱が切れてしまったりしないように、自らを抑制し、守る機能があるからです。

また筋肉は、たくさんの筋繊維の集まりですが、すべてが一度に力を出さず、全体の３割の本数の繊維しか使われません。ですから、一つの部位の筋肉をまんべんなく鍛えるためには、そこの筋繊維を１回ずつ３回に分けて全体を鍛えるつもりで行う必要があるのです。

自分のからだのゆがみを知る

長年の生活スタイルから生じたからだのゆがみを知り、適したエクササイズで正していこう。

からだのゆがみをチェックする

まず、日常生活の癖や長年の生活スタイルによって生じた自分の姿勢の崩れを知ることから始めましょう。骨格がゆがんでいる、筋肉のバランスが悪いなどは、腰痛の原因になりますので、それを正すことから始めます。

①立ち姿勢をチェック：体重をどちらかの足にかけて立っていないか？

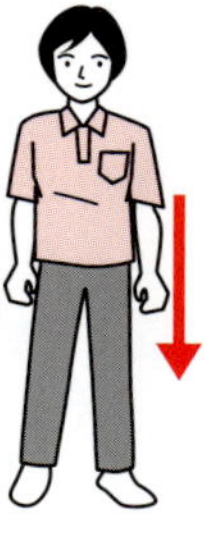

②座り方をチェック：いすに座ったときに、しばしば足を組んでいないか？

③かばんの持ち方をチェック：右ばかり、左ばかり、いつも同じ肩にかばんをかけていないか？

①②③のうち２個以上当てはまる場合は、からだのゆがみが生じる生活を送っていることが考えられます。どちらかに片寄らないようにする必要があります。予防の意味もこめて、エクササイズを実施しましょう。

④鏡の前で姿勢をチェック：両肩の高さは同じか？　腰骨の位置は左右同じか？

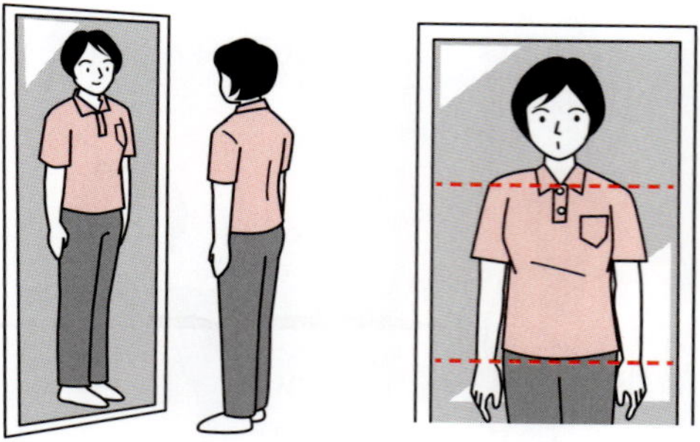

左右に違いがある場合は、すでにからだにゆがみが生じています。自分ではわかりにくい場合は、職場の同僚や家族にチェックしてもらうとよいでしょう。

⑤足の開き方をチェック：床に座った姿勢で足をのばし、そのまま脱力して足先を左右に落とすように開いてみる。つま先の開き具合に違いはあるか？

開き方の左右に違いがある場合は、ゆがみがあります。

横からチェック

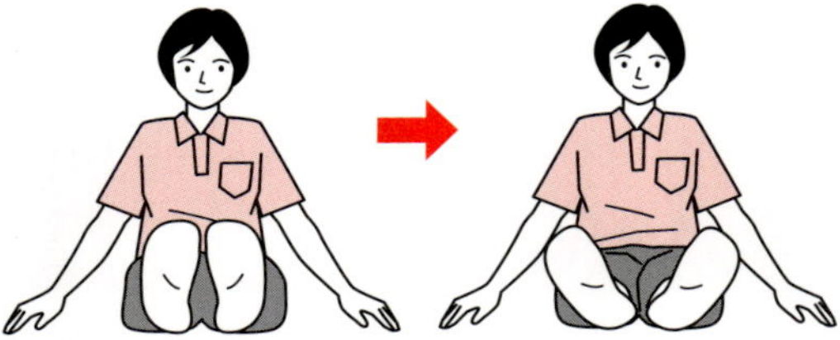

正面からチェック　　左右均等ならばOK

からだのゆがみの矯正エクササイズ

からだのゆがみがある場合は、以下の3種類のエクササイズを実施します。見出しの（　）の中の数字は前述のチェック項目の番号です。

●バランスの調整（①②③④）

いすに腰かけ、足踏みをするように、お尻を左右交互に上げ下げします。左右交互に3回ずつ3セット行います。このエクササイズは骨盤の内側の筋肉を動かし、骨盤のバランスを整えます。

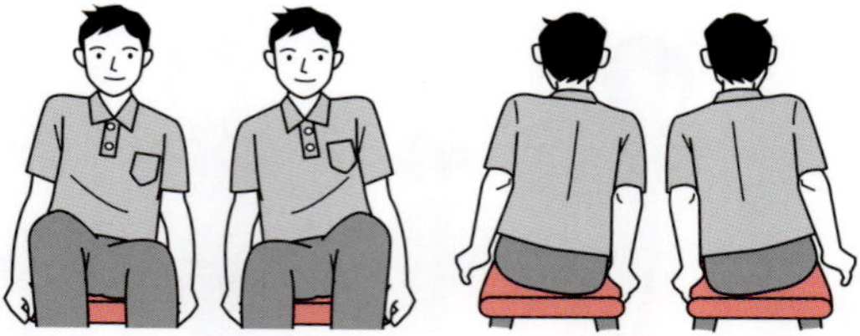

骨盤の内側の筋肉を動かし、骨盤のバランスを整えます

●足の前上げ、後ろ上げ（①②③④⑤）

腰に手を当てて真っすぐに立った姿勢から、片足ずつ前方、後方にゆっくりと上げ、ゆっくりと下ろします。左右交互に3回ずつ3セット行います。ポイントとしては、足を上げたときに上体が前や後ろに傾かないように注意します。なるべく骨盤の位置を動かさずに足を上下しましょう。

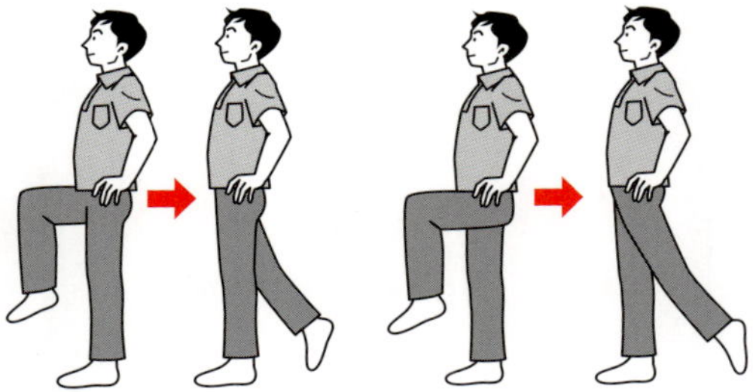

腰痛予防には足の大きな筋肉を使いましょう

●足の横振り（①②③④）

腰に手を当て真っすぐに立った姿勢から、片足ずつ軽く横に上げて下ろします。左右交互に3回ずつ3セットで行いましょう。このエクササイズは立ち姿勢や座り方、かばんの持ち方に癖がある、鏡を見て左右差がある場合に有効です。ぜひ、矯正に役立ててください。ふとももに力を入れるよりも足の付け根や股《こ》関節から、足全体を動かすような意識で行いましょう。

足の横振りエクササイズ

まず下半身から鍛えよう!

最近は、よく腹筋や背筋といった、体幹を鍛えるのが大切といわれますが、それは見た目の要素が大きいようです。実は体幹のほとんどは内臓や脂肪で、ここばかり鍛えても全身の効果は限られています。

人間のからだの筋肉は、①胸や肩などの上半身、②足を動かす下半身，③腹や腰にある体幹の筋肉に分けられますが、このうち最も筋肉が多いのが下半身で、全体の半分以上を占めています。

筋肉は安静にしているときもエネルギーを消費するので、もしダイエットなどボディメイクのために筋トレをするなら、筋肉量の多い下半身を優先して鍛えるほうが効果的です。また、下半身の筋肉には姿勢を整える働きもあります。

筋肉の緊張をほぐすエクササイズ

自分のからだの筋肉の緊張度を知る

緊張感や柔軟性をチェックし、適したエクササイズで筋肉をやわらかくしよう。

筋肉の緊張度のチェック

からだの血流が滞り、疲労物質がたまりやすくなっていないか、自分自身の筋肉の緊張度や柔軟性をチェックしてみましょう。

①足首つかみ：床に座った状態で、両足をそろえてのばし、膝《ひざ》を曲げずに自分の足首をつかむことができるか？

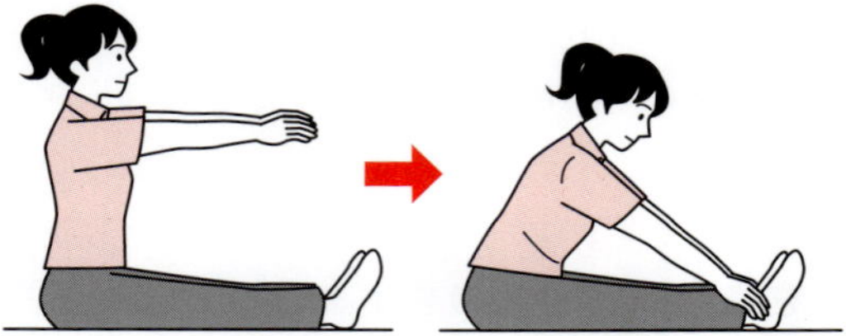

②肘《ひじ》つけ：床に座った姿勢で、足をのばして開き、からだを前に倒し、肘を床につけることができるか？

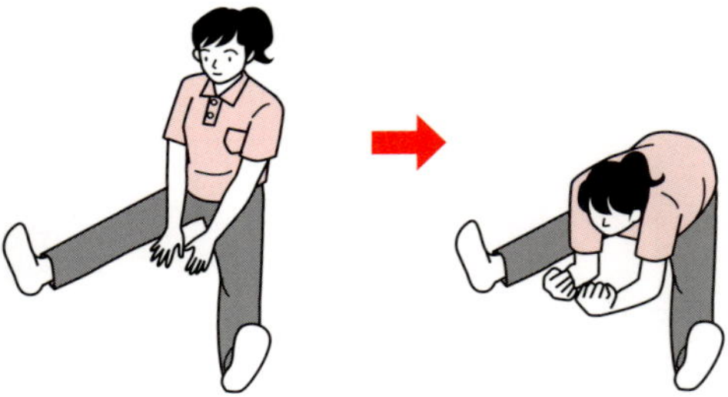

足首をつかむことができない、肘を床につけられない場合は、筋肉が緊張していて、からだが硬くなっているようです。エクササイズを実施しましょう。

③からだをひねってみる

- 背筋をのばしていすに座る。膝《ひざ》は閉じたままにして両手を肩の高さまで上げ、手のひらを上に向ける。

（正面）

（上）

- そのまま片方ずつ指先を見ながら後ろに回すようにして、上体をひねっていく。ひねった角度は、左右同じくらいか、自分ではわかりにくかったら、同僚や家族にチェックしてもらうとよい。

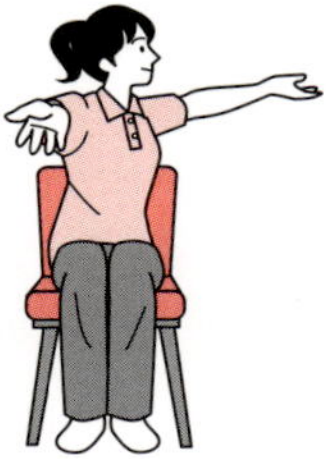

（正面）

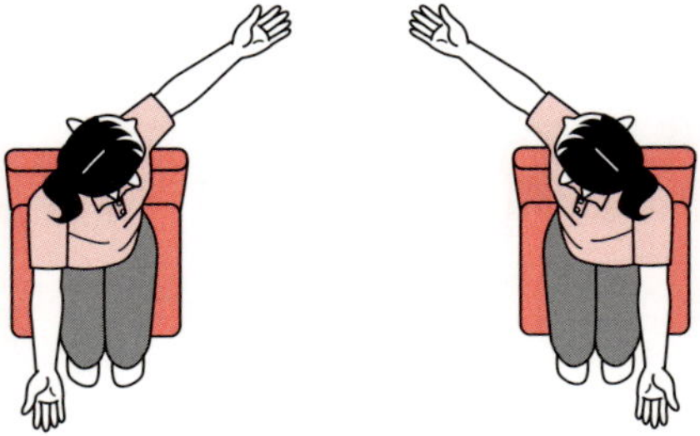

（上）

からだをひねって左右に差がある場合は、腰回りの筋肉の緊張度が高まっていることが考えられます。次ページからのエクササイズを行い、左右の差を均等に整えましょう。

筋肉の緊張をとるエクササイズ

ストレッチングを中心としたエクササイズで、筋肉の緊張を緩め、血流をよくします。

●わき腹・腰のストレッチング

壁の横に立ち、壁に片方の手を肘《ひじ》をのばしてつきます。壁側に腰を近づけ寄りかかるように、ゆっくりと腰をのばします。左右それぞれに行います。

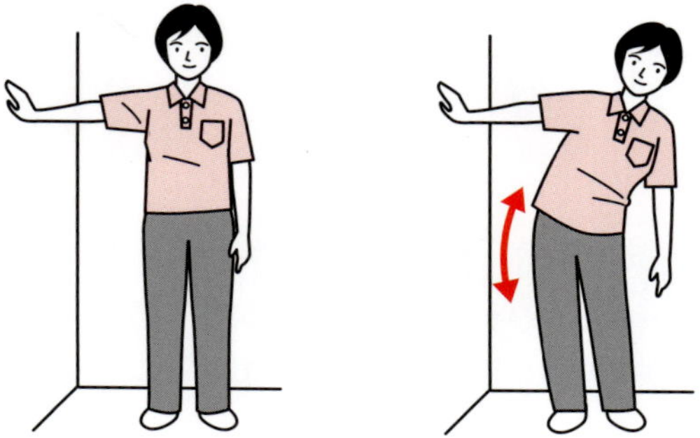

●お尻のストレッチング

横座りの姿勢から、前足の膝《ひざ》を外側に開いて(膝の角度は90度)、お尻を床に落とします。

後ろにのばしたほうの足の膝も外に開きます(膝の角度は90度)。両手を床につき、上体をゆっくりと前に倒しながら、前足のお尻をのばします。左右それぞれ行います。

イラストのように、足を置く位置が鍵《かぎ》十字になるような意識をもって行いましょう。

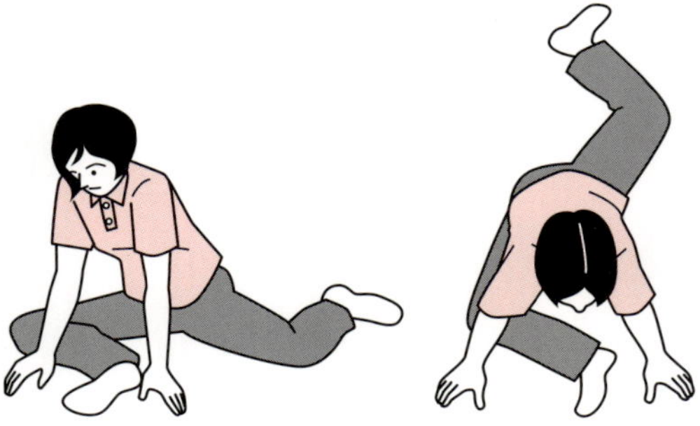

●上半身のリラックス

足を肩幅くらいに広げ、上半身を前に倒します。上半身の力を抜いて、肩から腰を中心に小刻みにぶらぶらとゆすります。膝《ひざ》は軽く緩めて行いましょう。

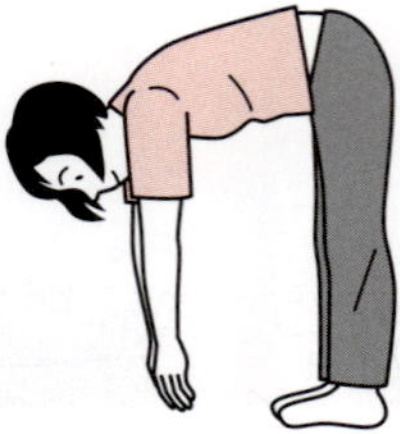

横

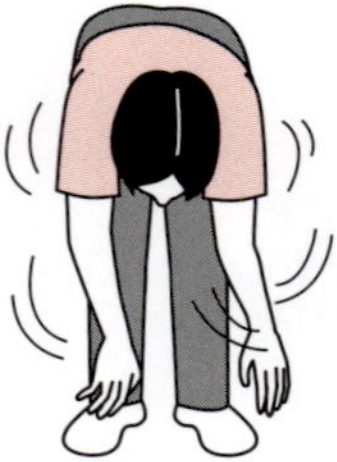

正面

●ふとももの前側のストレッチング

横向きに寝たままの姿勢で、上側の足のかかとをお尻につけるようにして膝を曲げます。同じ側の手で足首をつかみ、そのままうつぶせの姿勢になって、ふとももの前をゆっくりのばします。左右それぞれ行いましょう。

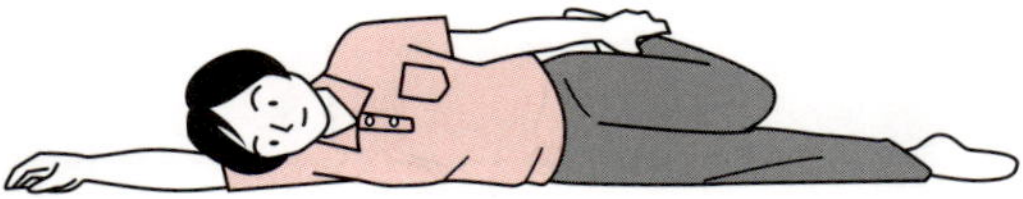

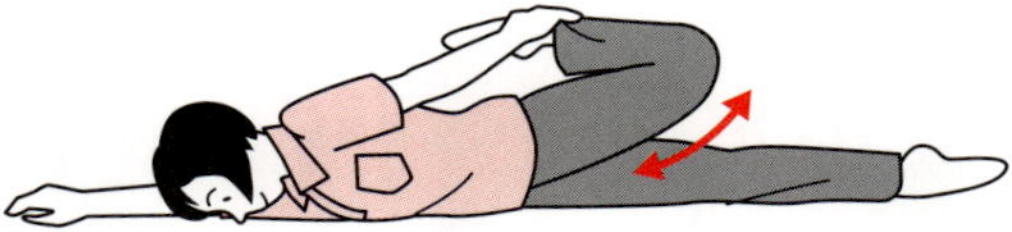

●わき腹・腰・背中のストレッチング

仰向けに寝て、両膝《ひざ》を立てます。片方の足を反対側の足にかけ、そのままかけた足の膝が床につくように倒します。左右それぞれに行います。上半身はできるだけ動かさないようにしましょう。

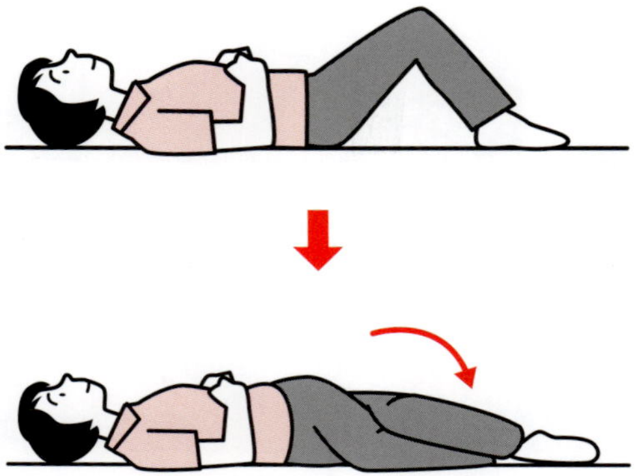

●上肢・下肢のリラックス

　仰向けに寝た状態で、両腕と両足を天井に向けてのばします。そのまま小刻みにぶるぶるとゆすります。このとき腰が浮き上がらないようにしましょう。

腹筋を鍛える

腰の安定性を高めるために、腹筋力をチェックし、適したエクササイズを実践しよう。

腹筋力をチェック

腹筋力（腹部をへこませる力）が低下して、腰の不安定につながっていないかを、次の要領でチェックします。

①腹囲（おへその上）を測定

腹部に力を入れたり、膨らませたりせずに、リラックスした状態で、２～３回深呼吸をしてから測ると、正確に測れます。

②次におなか全体をへこませて測定

おへそを中心にぐっとへこませ、その状態を維持したまま測ります。

③①と②の差がどのくらいあるかを確認

④ⓐ～ⓑの差の違いでエクササイズを実施する

ⓐ0～4cm　：軽度の筋トレを行う
ⓑ4～7cm　：中度の筋トレを行う
ⓒ7cm以上：強度の筋トレを行う

腹筋を鍛える

筋力を維持して腰痛を予防するには、腹部の筋肉を意識しながらエクササイズを行い、脊柱《せきちゅう》のまわりの筋肉を鍛え、背中を安定させることが大切です。筋肉の維持･向上のための動作は、いずれも四肢を上げる動作に４秒使い、上げた姿勢で８秒間維持し、下ろす動作にも４秒かけるのが目安です。どの動作も、左右交互に４回ずつ実施しましょう。しかし、あくまでも自分の体調をみて、無理のない範囲で行うことが大切です。

以下の見出しの（　）の中は、前述の腹囲の差のランクです。

●両肘《ひじ》、両膝《ひざ》をつけた姿勢からの膝のばし（ⓐ）

①両肘から手首までは、肩幅と同じ幅に、こ

ぶしは軽く開いて親指を立てる。あごを引き、左右の肩甲骨《けんこうこつ》を合わせるように肩を内側に入れる。お尻は突き出し、お腹とお尻を締めて膝《ひざ》をつく。足首の角度は90度に固定、両肘と両膝に均等に体重をかける。

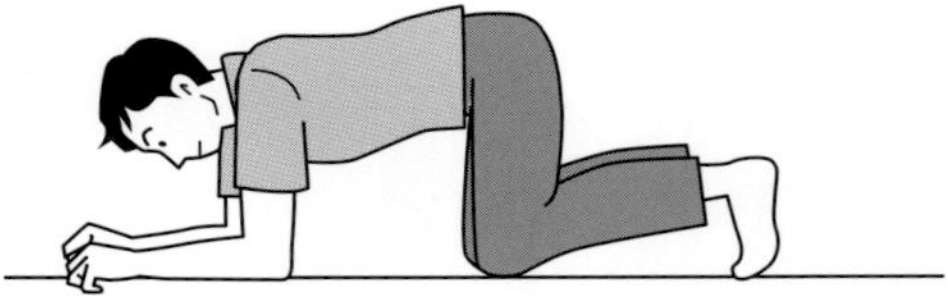

②片方の足を真っすぐ後ろにのばす。床と平行になる高さが目標。

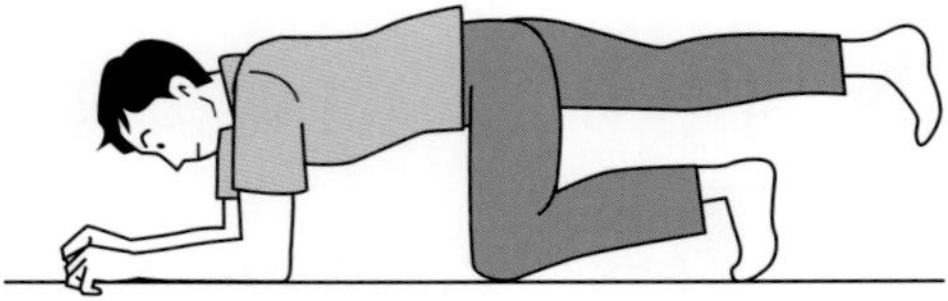

●両肘《ひじ》、両膝をつけた姿勢からの膝・腕のばし（ⓑ）

①前述の膝のばしの基本姿勢から、右肘と左膝、または左肘と右膝を対角にのばす。胴体から真っすぐにのびた状態で、床と平行になるところを目標とする。

②うまくできない場合は、肘を最初に上げてから膝をのばすとやりやすくなる。

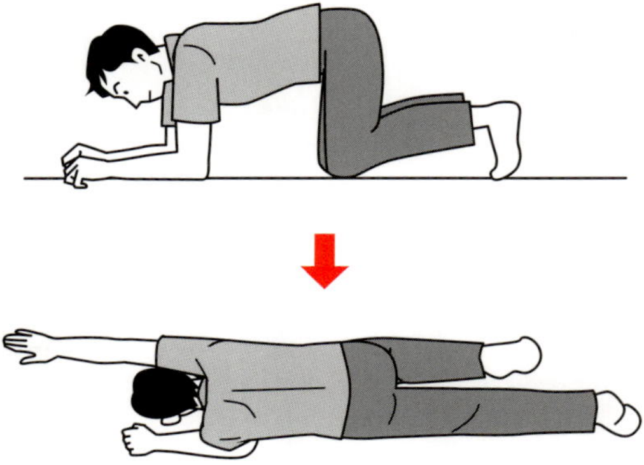

③動作が楽にできる場合は負荷が軽いので、両膝《ひざ》の代わりに両つま先をつけた姿勢で行ってみよう。

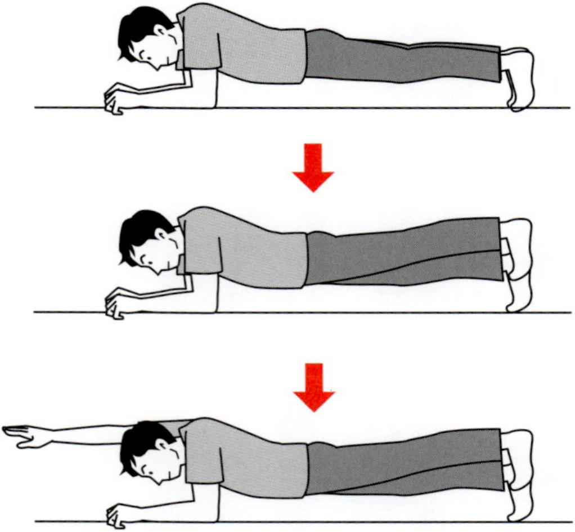

●両肩、両かかとをつけた姿勢からの膝のばし（ⓐⓑⓒ）

①仰向けの姿勢から両膝を立てて、かかとをつける。膝と足首の角度は90度を保つ。両かかとの間は肩幅程度であれば、開いていてもＯＫ。

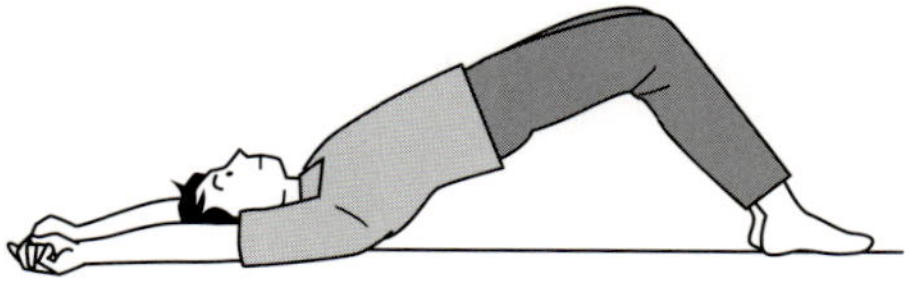

②この姿勢から片側の膝をのばす。膝から下だけ動かし、のばした膝は胴体の延長線上になるようにする。

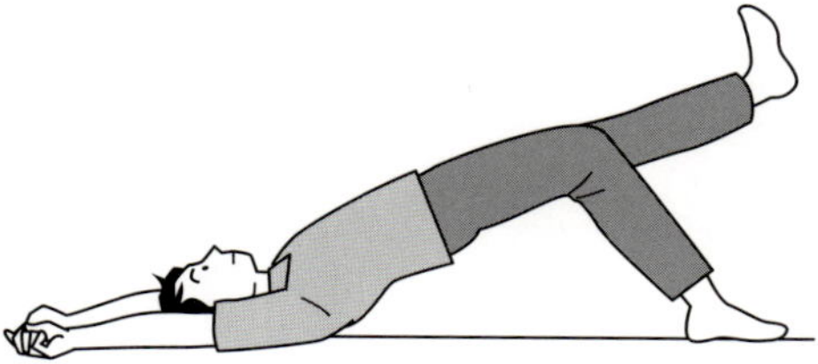

●横向きの姿勢からの足の引き上げ（ⓒ）

①横向きに寝た姿勢から片肘《ひじ》と片足外側で床を支える。肘は肩の真下につく。

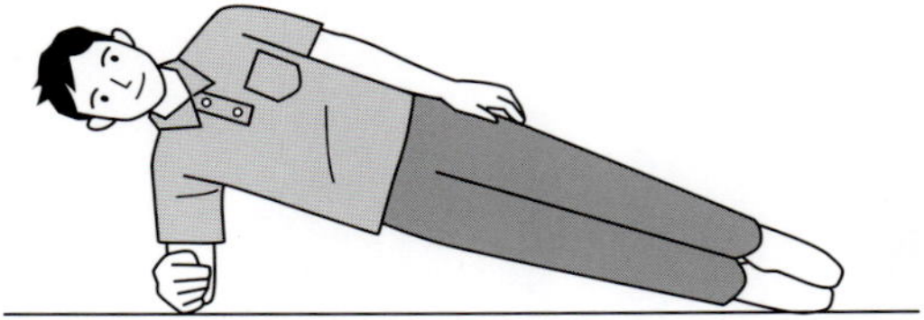

②上側の足をだんだんに開き、床と平行になる高さまで引き上げる。腰が後ろに引っ込んだりせず、からだが頭からかかとまで一直線になるように保持する。

第４章

介護職員を守る指針と突然の腰痛への対処

突然の腰痛に対処する

突然の激しい腰痛におそわれたときの姿勢と動き方をあらかじめ覚えておこう。

突然、腰痛が起こったときは

床から物を持ち上げようとしたとき、思い切りからだをひねったとき、大きなくしゃみをしたはずみなどに突然腰が痛むことがあります。これが「ぎっくり腰」と呼ばれる腰椎捻挫《ようつうねんざ》です。

痛みが強く、からだを動かすのが困難な場合は右ページの図のように**横向きか仰向きで膝《ひざ》を曲げ、エビのような姿勢で横になります。やわらかな布団やソファーは避け、仰向けの場合は膝の下に枕《まくら》などを入れましょう。**

屋外で「ぎっくり腰」になってしまった場合も可能なら横になってエビのような姿勢をとりますが、横になれない場合は、壁によりかかって腰を少し曲げて壁に押しつけます。また、壁に寄りかかってうずくまる姿勢をとって、痛みが少しおさまり、動けるまで待ちます。そのうえで、受診しましょう。

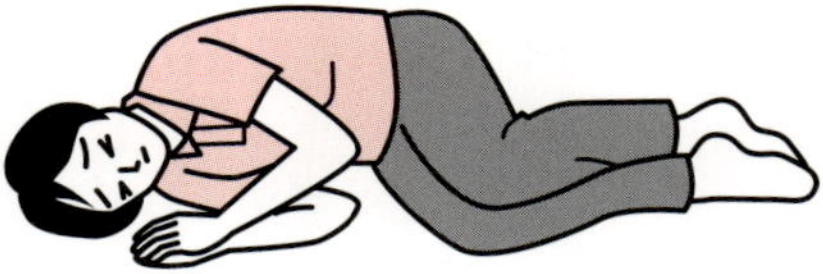

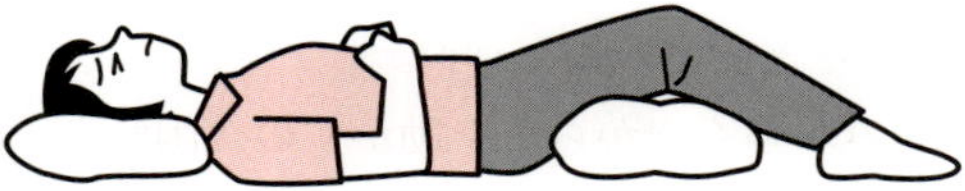

痛みが少しおさまったら

かつて「ぎっくり腰」は安静第一といわれましたが、最近は安静にして寝てばかりいると回復が遅れ、その後の腰痛の再発率が高いなどの報告もあり、**過度の安静はむしろ、有害とされています。**

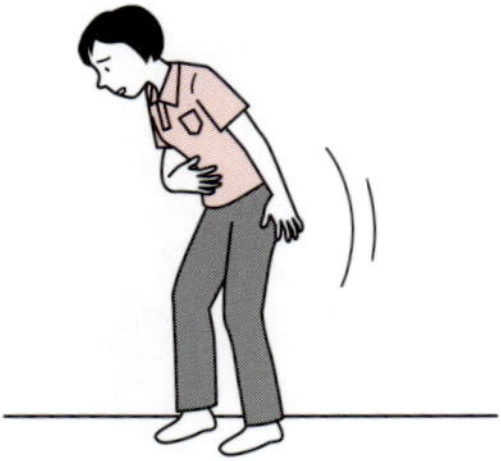

①当初の身動きができない状態を脱して少し楽になったらカニのように横歩きをして、まずは休める場所まで自力で動く。お腹に力を入れて、少し前かがみで歩くのも有効。

②強い痛みが過ぎたら、早めにふだんの活動をする。可能であれば早めに鎮痛剤を飲み、痛みが楽になるまで服用を続ける。

③腰痛ベルトやコルセットを装着するのもよいが、使用は痛みがあるときだけにする。長期に着用すると、本来、人間がもっている腰を支える筋力が低下してしまうので、好ましくない。

④「ぎっくり腰」は突然に起こるので、事業所の担当者や連絡先をあらかじめ定めておき、万一の場合は迅速に連絡する。

厚生労働省の指針の内容について

事業者に対して出された指針だが、介護職員もその内容を知り、自ら腰痛予防に取り組んでいこう。

腰痛予防対策指針で、事業者は労働者を守る義務があり、実態に即した対策を講ずる必要があるとしています。自分の所属する事業所で実際に行われているか、確認してみてください。

- **抱え上げについて**：移乗介助、入浴介助、排せつ介助では抱え上げを原則として禁止し、リフトなどを積極的に使用する。利用者が座った姿勢を保てる場合はスライディングボード、立った姿勢を保てる場合はスタンディングマシーンを活用する。
- **不自然な姿勢について**：ベッドの高さ調節、作業空間の確保、スライディングシートの活用で、前屈やひねりなどの程度を小さくする。どうしても不自然な姿勢になってしまう場合は、壁に手をつく、床やベッドの上に膝をつくなどして、腰部への負担を分散して軽くする。

- **腰に負担のかかる作業の実施にあたって**：どうしても人力で行う場合は、適切な姿勢で、身長差の少ない2人1組で行う。
- **作業標準を策定について**：使用者は、労働者が活用できる福祉用具の状況を確認し、作業の人数や時間、環境について考慮しなくてはならない。
- **休息、作業の組み合わせ**：適宜休息時間を設け、その時間にはストレッチングや安らげる姿勢をとれるようにする。また、同一の姿勢が連続しないよう、他の作業と組み合わせる。

作業環境の管理

事業者に求められている作業環境の整備は以下のようになっています。

①温度、湿度、照明などの作業環境を整える。
②車いすやストレッチャーの移動の障害となる段差の解消、機器や設備の配置を考える。
③部屋や通路は、動作がしやすいように広さを確保する、介助に必要な福祉用具を出しやすく使用しやすい場所に収納する。
④休憩室は労働者がくつろげるようにし、夜勤がある場合は、仮眠がとれる場所と寝具を用意する。
⑤訪問介護の場合は、利用者宅に腰痛予防の環境整備を事業者が説明し、対応をとる。

健康の管理

労働者が腰痛の症状を訴えた場合は、事業者はその労働者に対して必要な措置や、保健指導を実施する必要があります。また、労働者にも、自主的な健康管理の努力が求められています。

- **腰痛健康診断**：半年に1度、医師による腰痛の定期検診をし、必要となれば、作業方法の改善や作業時間の短縮などの措置を講じる。

- **体操の実施**：腰部に負担がかかる介護職員に対し、作業前体操や腰痛予防体操の実施をする。
- **腰痛および坐骨神経痛発症後の対応**：足のしびれを伴う坐骨神経痛、腰椎椎間板ヘルニア、腰部脊柱狭窄症が疑われる場合は、医療機関で精密検査を行う必要がある。「尿や便が出づらい、出ない」「足に力が入らず、片足立ちができない、かかと、つま先でスムーズに歩けない」などの症状がある場合は、重篤になるおそれがあるので要注意。
- **特異的腰痛症の場合**：「安静にしていても痛い」「熱がある」「冷や汗、動悸、倦怠感」「理由もなく太った」「糖尿病や高血圧がある」「鎮痛剤を１カ月続けても痛みがとれない」などの場合は、重大な疾患（特異的腰痛症）のこともあるので、医療機関で精密検査を行う必要がある。

◆参考資料

- 『介護業務で働く人のための腰痛予防のポイントとエクササイズ』中央労働災害防止協会、2010年
- 『介護職員初任者研修課程テキスト3　こころとからだのしくみと生活支援技術』日本医療企画、2012年

【監修者略歴】

柴田　範子（しばた　のりこ）

東洋大学ライフデザイン学部准教授、特定非営利活動法人「楽」理事長、全国小規模多機能型居宅介護事業者連絡会理事。
川崎市保育園勤務を経て福祉事務所ヘルパーに。保育士、調理師、介護福祉士、介護支援専門員。介護福祉士国家試験委員、神奈川県社会福祉審議会委員、川崎市高齢者保健福祉計画策定協議会委員。
主な著書に『失敗例から学ぶ　介護職のためのコミュニケーション術』（中央法規出版）、『実務ハンドブック付き！イラストでわかる介護職のためのきちんとした言葉のかけ方・話の聞き方』（成美堂出版）。

●編集協力／有限会社エイド出版
●表紙デザイン／能登谷　勇
●表紙イラスト／どい　まき
●本文イラスト／佐藤加奈子

介護のしごとが楽しくなるこころシリーズ 5
カラダにやさしい　介護のしかた

2013 年 10 月 15 日　初版第 1 刷発行

監　修　者　柴田範子
企画・制作　株式会社ヘルスケア総合政策研究所 ©
発　行　者　林　　諄
発　行　所　株式会社日本医療企画
〒101-0033
東京都千代田区神田岩本町 4-14 神田平成ビル
TEL.03-3256-2861（代）
http://www.jmp.co.jp/
印　刷　所　大日本印刷株式会社

ISBN978-4-86439-202-0 C3036　Printed in Japan, 2013
（定価は表紙に表示してあります）